Karl der Große

[GESCHICHTE ERZÄHLT]

Herausgegeben von
Kai Brodersen, Uwe A. Oster, Thomas Scharff und Ute Schneider

Bd. 1, Die Welt Homers
Bd. 2, Hexenjagd in Deutschland
Bd. 3, Der königliche Kaufmann oder wie man ein Königreich saniert
Bd. 4, Zechen und Bechern. Eine Kulturgeschichte des Trinkens und Betrinkens
Bd. 5, Hinter Klostermauern. Alltag im mittelalterlichen Kloster
Bd. 6, Krieg in der Antike
Bd. 7, CARE-Paket & Co. Von der Liebesgabe zum Westpaket
Bd. 8, Unter dem Vesuv. Alltag in Pompeji
Bd. 9, Baden, spielen, lachen. Wie die Römer ihre Freizeit verbrachten
Bd. 10, Seide, Pfeffer und Kanonen.Globalisierung im Mittelalter
Bd. 11, Veni, vidi, vici. Caesar und die Kunst der Selbstdarstellung
Bd. 12, Napoleons Soldaten. Alltag in der Grande Armée
Bd. 13, Pelze, Gold und Weihwasser. Handel und Mission in Afrika und Amerika
Bd. 14, Als die Römer frech geworden. Varus, Hermann und die Katastrophe im Teutoburger Wald
Bd. 15, Stadtluft macht frei. Leben in der mittelalterlichen Stadt
Bd. 16, Karl der Große. Der Weg zur Kaiserkrönung
Bd. 17, Geld und Freunde. Wie die Medici die Macht in Florenz eroberten
Bd. 18, Reise ohne Wiederkehr? Leben im Exil 1933 bis 1945

Roland Pauler

Karl der Große

Der Weg zur Kaiserkrönung

[GESCHICHTE ERZÄHLT]

Die Deutsche Nationalbibliothek verzeichnet diese Publikation in der Deutschen Nationalbibliografie; detaillierte bibliografische Daten sind im Internet über http://dnb.d-nb.de abrufbar.

Gedruckt auf säurefreiem und alterungsbeständigem Papier
Einbandgestaltung: Jutta Schneider, Frankfurt
Einbandabbildung: Krönung Karls des Großen durch Papst Leo III. am 25. Dezember 800 in St. Peter in Rom. Aus: Grandes Chroniques de France (Chroniques de Saint-Denis). Ms Royal 16 G.VI, fol.141 v, London, British Library.
Foto: akg-images/British Library
Layout: Petra Bachmann, Weinheim
Gestaltung und Satz: Hagedorn Kommunikation, Viernheim
Printed in Germany

www.primusverlag.de

ISBN: 978-3-89678-398-1

Inhalt

Die Kaiserkrönung

Einleitung

Der Karl, den wir heute kennen, ist zum Teil eine Fantasiegestalt, entwickelt von Geschichtsschreibern und Schriftstellern, von Historikern, ja sogar von Politikern, die sich in die Tradition des allseits bewunderten Herrschers stellen wollten. Karl wurde zum Mythos, er gilt als Vater Europas und hat das mit Benedikt von Nursia gemein, ebenfalls ein Mythos, schon zu Karls Zeiten. Der von ihm gegründete Mönchsorden der Benediktiner hat Europa kulturell verbunden, doch nicht nach Benedikt, sondern nach Karl ist ein Preis benannt, mit dem Persönlichkeiten oder Institutionen ausgezeichnet werden, die sich um die europäische Einigung verdient gemacht haben; gestiftet ist er von der Stadt Aachen, der Lieblingsresidenz des Kaisers.

Wie hat sich Karl um die Einheit Europas verdient gemacht? Ihm ist es gelungen, sein riesiges ererbtes Reich, das Frankenreich, mit seinen Eroberungen zu einem Herrschaftsgebilde zu verschmelzen, das in gewisser Weise zum Vorbild für ein geeintes Europa werden konnte. In einem Reich lebten die zahlreichen Volksstämme zusammen, die das heutige Deutschland, Österreich, Frankreich, die Beneluxstaaten, die Schweiz, große Teile Italiens sowie Grenzgebiete Nordspaniens und einiger osteuropäischer Staaten bevölkerten: Franken, Alemannen, Bayern, Burgunder, Aquitanier, Goten Nordspaniens, Thüringer, Sachsen, Friesen, einige Slavenstämme, Langobarden und Romanen, alle unter einer Krone, aber alle nach eigenem Recht und eigenen Gewohnheiten lebend – die Eingliederung gar mancher Staaten außerhalb seines Herrschaftsgebietes in die Europäische Gemeinschaft ist bis heute mit Schwierigkeiten verbunden.

Karls staatsmännische Leistung wurde in den Nachfolgereichen Deutschland und Frankreich derart geschätzt, dass ihn bis ins 20. Jahrhundert beide für sich vereinnahmten. Das ist nicht falsch, da beide aus seinem Reich hervorgegangen sind, doch hat man versucht, aus ihm einen Deutschen bzw. Franzosen zu machen und das geht nicht, denn zu Karls Zeit gab es weder die einen noch die anderen. Die beiden Reiche begannen sich unter seinen Enkeln zu verselbstständigen, und erst im 10. Jahrhundert hatte sich in ihnen ein Zusammengehörigkeitsgefühl entwickelt, das erlaubt, von eigenständigen Reichen zu sprechen. Ein Nachhall nationaler Begeisterung für Karl prägt noch heute unbewusst das Urteil über dessen Handeln und vor allem die Spekulationen darüber, was er wohl über seine Kaiserkrönung gedacht haben mag.

Diese Frage ist insofern höchst interessant, als Karl zwar die Tradition des Kaisertums kannte, sie ihm, dem in fränkischer Tradition erzogenen König, aber dennoch fremd war. Er hat das westliche Kaisertum unter bewusstem Rückgriff auf antike Traditionen in höchst eigentümlicher Weise erneuert und damit eine Tradition geschaffen, in die sich noch die Kaiser des Heiligen Römischen Reiches Deutscher Nation (bis 1806), die österreichisch-ungarischen Kaiser aus dem Hause Habsburg (bis 1918) und Napoleon Bonaparte stellten, der 1804 ein erbliches Kaisertum der Franzosen ausrief. 1871 proklamierte sich der preußische König zum deutschen Kaiser, und 1771 ersetzte Zar Peter I. den etymologisch verwandten Titel Zar durch Kaiser. Nie hat das Geschehen bei einem Weihnachtsgottesdienst nachhaltigere historische Wirkung erzielt.

Drei prägende Grundlagen

Das Kaisertum Karls des Großen wäre nicht denkbar ohne das antike römische. Vereint hat das Papsttum die beiden völlig unterschiedlichen Traditionen des Kaisertums und des fränkischen Königtums im Zeichen des christlichen Glaubens.

Das römische Kaisertum: Alleinherrschaft auf republikanischer Basis

Die alten Römer hätten Karl trotz all seiner Macht in der Zeit der Herausbildung des Kaisertums nie und nimmer freiwillig zum Kaiser erhoben, denn Königsherrschaft war ihnen verhasst. In Krisenzeiten übertrugen sie die Herrschaft (*imperium*) zwar einem Alleinherrscher (*dictator*), damit der drängende Probleme zielstrebig und ohne langwierige Diskussionen löste, doch war diese herausragende Position bis in das Zeitalter Caesars zeitlich begrenzt. Karls Kaiserkrönung vereinte also zwei grundsätzlich unterschiedliche Traditionen. Indem er zwar den Kaisertitel annahm, aber seine Königstitel beibehielt, stellte er sich ganz bewusst in beide Traditionen.

Caesar und Augustus, Begründer des römischen Kaisertums

Gaius Julius Caesar beendete eine Zeit der Bürgerkriege, die immer wieder zur Alleinherrschaft immer mächtigerer Diktatoren geführt hatten, man denke nur an Marius und Sulla. Caesar und sein Nachfolger Augustus, der erste Kaiser, dürften keinen Gedanken daran verschwendet haben, ihre Alleinherrschaft über das römische Riesenreich unter dem Königstitel auszuüben. Beide wahrten als Alleinherrscher die republikanische Herrschaftsform zumindest pro forma, wenngleich ohne sie keine wichtigen Entscheidungen getroffen werden konnten. Diesen Maßgaben folgten selbst Tyrannen wie Nero oder Domitian, die beide als blutrünstige Christenverfolger in die Geschichte eingegangen sind, Nero sogar als Paradebeispiel für einen entarteten Herrscher. Ein für das Königtum übliches dynastisches Nachfolgeprinzip bildete das römische Kaisertum nicht aus, wenngleich bisweilen ein Sohn oder Verwandter auf dem Kaiserthron nachfolgte.

Gaius Julius Caesar war vom römischen Senat zum Diktator auf Lebenszeit ernannt worden. Sein Adoptivsohn Octavianus/Augustus wurde nach seinen Siegen über die Cäsarmörder und Antonius Alleinherrscher. Er wollte wie vor ihm die Diktatoren Sulla, Pompeius und Caesar erster Bürger des Staates genannt werden, weshalb die sich unter ihm verfestigende Staatsform in der Forschung als Prinzipat (*princeps* = erster) bezeichnet wird. Seine Vorstellungen von der Machtfülle eines *princeps* definierte Augustus nicht, sondern übernahm diverse, im republikanischen Staatswesen verankerte Titel samt deren Machtfülle: Konsul, Volkstribun, Imperator und *pontifex maximus*, oberster „Brückenbauer" zu den Göttern – diesen Titel legten sich seit dem 14. Jahrhundert vereinzelt Päpste zu, ohne dass

Der Kaisertitel

Der Titel Kaiser geht auf Caesar, gesprochen Kaisar, zurück. Caesars Neffe und Adoptivsohn Octavian erhielt den Beinamen Augustus (der Verehrte), der ebenso zum Titel aller späteren Kaiser gehören sollte wie der des Imperators (des obersten Heerführers), den Octavian neben anderen republikanischen Titeln beibehalten hatte. So lautete z. B. der Titel des Nerva (96–98) *Imperator Nerva Caesar Augustus.* Die mittelalterlichen Kaiser beschränkten ihren Titel auf *Imperator* und *Augustus.*

er offizieller Papsttitel geworden wäre. Octavians neuartige Macht bestand aus der Summe der ihm verliehenen Einzelkompetenzen, von denen jede für sich dem herkömmlichen Verfassungsrecht entsprach. Zwar bestanden die republikanischen Einrichtungen, z. B. der Senat, die Konsuln, Komitien (Volksversammlungen) und sonstigen Ämter weiter, verloren aber zunehmend an Bedeutung gegenüber neuen Institutionen, die Augustus nach und nach ins Leben rief.

Machtvolle Herrschaft durch effiziente Verwaltung

Augustus schuf die Verwaltungsordnung, die mit diversen Anpassungen an die Gegebenheiten und Bedürfnisse für die gesamte antike Kaiserzeit grundlegend wurde, bot dadurch der Staatskorruption Einhalt, begründete stabile Rechtsverhältnisse und betrieb eine effektive Sozialpolitik zugunsten der besitzlosen Massen. Diese höchst effiziente Verwaltung ließ die kaiserliche Macht auch Zeiten überdauern, in denen die Herrschaft in den Händen unfähiger Trunkenbolde lag. Aus dem Senatorenstand wurden der für Ruhe und Ordnung zuständige Stadtpräfekt, die Legaten (‚Botschafter') und Verwalter (*curatores*) genommen, aus dem Ritterstand die übrigen Präfekten und Prokuratoren. Die unteren Dienstgrade wurden vielfach mit Freigelassenen besetzt. Die Beamten erhielten im Gegensatz zu den Amtsinhabern der republikanischen Zeit eine nach Rangordnung gestaffelte Besoldung.

Unter Augustus' Nachfolgern wurde die Tendenz der Lösung von den republikanischen Wurzeln deutlicher erkennbar. Die führenden republikanischen Organe, der Senat und die Konsuln, büßten ihre Eigenständigkeit zugunsten des Kaisers und seiner Beamten weitgehend ein.

Die Kaiser als Quelle und Wahrer des römischen Rechts

Die Kaiser, wiewohl in unseren Augen bisweilen mörderische Verbrecher, waren Quelle des im gesamten Reich geltenden römischen Rechts. Dieses erlebte vor allem unter dem oströmischen Kaiser Justinian (527–565) eine ungeahnte Blüte; er stellte eine systematische Sammlung sämtlicher kaiserlicher Gesetze zusammen und ergänzte sie durch eigene Edikte. Der *Codex Justinianus* sollte Jahrhunderte überdauern und zur Grundlage des modernen Rechts werden. Das überlegene, staatstragende römische Recht strahlte aus auf die durch Föderatenverträge an das Reich gebundenen germanischen Stämme, deren Könige die Volksrechte in Latein niederschreiben ließen. Gesetzgebung und Rechtsprechung gehörten zu den vornehmsten Aufgaben der römischen Kaiser, die sich als über dem Gesetz stehend betrachteten. Sie hatten in ihrer Funktion als Gesetzgeber Anteil an der Sphäre des Göttlichen. Trotz dieser ideellen Überhöhung begann bereits nach Augustus' Tod der Niedergang des Weltreiches, was einerseits an dessen zum Teil

Der Kaiserkult

Der Kaiserkult entwickelte sich aus der Gewohnheit, bedeutende Verstorbene als Heroen zu verehren. Caesar, stolz von Venus abzustammen, wurde zum Gott erhoben, Augustus errichtete man einen Tempel und schuf zu seinem Kult ein Priesterkollegium, die Augustales. Aurelianus (270–275) nannte sich bereits zu Lebzeiten Gott und Verkörperung der Sonne, während Diokletian (285–305) Verehrung als Jupiter auf Erden forderte. Die christlichen Kaiser umgab nur noch eine Aura von Heiligkeit.

unfähigen Nachfolgern lag, andererseits an der Bedrohung der Grenzen durch Perser und Germanen.

Krisenzeiten spalten das Reich

Im 3. Jahrhundert erlebte das Römische Reich einen Höhepunkt der Krise. Zwischen 235 und 285 regierten 22 Kaiser, ausgerufen vom Heer (Soldatenkaiser) und bisweilen nur wenige Monate Herren über einen begrenzten Raum, bekämpft von mindestens einem Gegenkaiser. Rom verlor mehr und mehr seine zentrale Stellung im Reich, denn die Kaiser bevorzugten Residenzen im bedrohten Grenzgebiet, wo ihre treuen Truppen lagen.

Eine grundsätzliche Veränderung brachte Diokletian im Jahr 293 auf den Weg, indem er, um die chaotischen Verhältnisse zu überwinden, die Tetrarchie (Vierherrschaft) einführte.

Das Reich sollte fortan unter der Oberhoheit Diokletians von zwei Augusti (Diokletian in Nikomedia und Maximinianus in Mailand) sowie zwei diesen untergeordneten Cäsaren (Galerius in Sirmium und Constantius in Trier) regiert werden. Auf diese Weise suchte Diokletian, die Probleme in Verwaltung und Rechtsprechung zu lösen, die einen einzigen Kaiser und dessen Zentralverwaltung überforderten. Zwar überlebte das System nicht einmal seinen Urheber, der sich im Jahr 305 zur Ruhe setzte und damit anarchische Zustände heraufbeschwor, doch hatte er die Trennung des Reiches in eine östliche und eine westliche Hälfte verfestigt.

Diokletian hat die Grundlage für die Politik Kaiser Konstantins geschaffen, der seine Residenz in die Kleinstadt Byzanz am Bosporus verlegte, die von ihm und seinen Nachfolgern mit jeglicher repräsentativer Pracht zur Metropole des Byzantinischen Reiches, Konstantinopel, ausgebaut wurde. Seit Kons-

Das Ende der Christenverfolgung

Konstantin leitete durch seine Hinwendung zum Christentum und die Förderung der Kirche eine neue Ära ein, was ihm den Beinamen „der Große" einbrachte. Von einer ganzen Reihe von Historikern wurde diese Veränderung für derart epochal angesehen, dass sie mit dem Toleranzedikt von Mailand (313) das Mittelalter beginnen ließen.

tantin war das Kaisertum mit der Kirche verbunden, die zu einer „staatstragenden" Macht des Mittelalters werden sollte.

Noch gehörte das Römische Reich nicht nur ideell, sondern auch politisch zusammen. Konstantin hatte in seiner Nachfolgeregelung das Reich unter seine drei Söhne aufgeteilt. Ein Blutbad in der kaiserlichen Familie überlebten nur seine Söhne Constans, der fortan den Westen, und Constantius II., der den Osten regierte (seit 340). Der Westen war bereits zu dieser Zeit der instabilere Reichsteil: Constans fiel 350 dem Usurpator Magnus Magnentius, einem Franken, zum Opfer, der im Westreich regierte, bis er 353 von Constantius II. mit germanischen Hilfstruppen überwunden wurde. Letztlich verfestigte sich die Spaltung des Römischen Reiches, der Tod des Theodosius (395) markierte das Ende der Reichseinheit, spätere militärische Einigungsversuche brachten nur kurzfristige Erfolge, scheiterten aber letztlich. Rom, wiewohl noch ideelle und namengebende Hauptstadt dieses Reiches, verlor immer mehr an politischer Bedeutung gegenüber Residenzen wie Mailand, Ravenna, Lyon oder Paris. Der Herrschaft des Westreichs bemächtigten sich Usurpatoren, bis es schließlich die germanischen Stämme besetzten und jegliche Zentralgewalt beendeten.

Das Papsttum: „Erbe" des Kaisertums

In Rom hatte der Abzug des Kaisers ein Machtvakuum hinterlassen. Zunächst hatte der römische Senatorenadel die Kontrolle über die wichtigsten Ämter übernommen, doch je mehr sich das Christentum als staatstragende Religion etablierte, desto mehr Gewicht erlangte der römische Bischof als Stellvertreter des Kaisers und Stadtherr. Seine Autorität sollte den engen Rahmen der Stadt Rom im Laufe weniger Jahrhunderte bei Weitem übersteigen und schließlich die entscheidende Voraussetzung dafür werden, dass Karl der Große auf den Kaiserthron gelangen konnte.

Der Weg zur Vorherrschaft in Kirche und Westreich

Dass Bischöfe seit dem 4. Jahrhundert zu Stadtherren wurden, ist Teil einer Entwicklung, die sich im ganzen Westreich vollzog. Die besondere Stellung des römischen Bischofs jedoch rührte daher, dass er als Nachfolger Petri den Vorrang innerhalb der Gesamtkirche anstrebte, kaum hatte sich das Christentum als Staatsreligion durchgesetzt. Diesen reklamierte allerdings der Patriarch von Konstantinopel wegen seiner Nähe zum Kaiser für sich, während die theologisch und philosophisch hoch gebildeten afrikanischen Patriarchen einen solchen Vorrang über-

Titel und Amt des Papstes

Der Begriff Papst (Papa) stammt aus dem griechischen Kulturbereich, bezeichnete zunächst Äbte und Bischöfe und verengte sich im 5. Jahrhundert auf die Patriarchen. Seit dem 2. Jahrhundert erlangte der Bischof von Rom als Nachfolger der Apostel Petrus und Paulus Vorrang, aber keine Autorität bei der Feststellung von Glaubenstraditionen. Seit dem 4. Jahrhundert beanspruchte er die Leitung der Gesamtkirche.

haupt nicht anerkannten. Je weniger Macht der Kaiser im Westreich entfaltete, je weniger Schutz er der römischen Kirche, deren Oberhaupt und dem römischen Volk bieten konnte, desto selbstbewusster schob sich der römische Bischof als Vertreter der Staatsmacht in den Vordergrund. So trat laut offizieller päpstlicher Geschichtsschreibung Papst Leo der Große (440–461) dem Hunnenkönig Attila (452) entgegen und rettete Rom, ja ganz Italien vor dem Wüten der Barbaren. Den Vandalenkönig Geiserich konnte er dazu bewegen, bei seiner Eroberung Roms auf das Morden und Brandschatzen zu verzichten. Kein Wunder, dass dieser Papst den Führungsanspruch des römischen Bischofs als erster unverblümt einforderte und behauptete, der Papst sei mit Petrus identisch und dürfe die diesem zukommende Verehrung einfordern. Einzig Petrus habe die Binde- und Lösegewalt erhalten und sie an die anderen Apostel in derselben Weise weitergegeben, in welcher der Petrusnachfolger den Bischöfen ihre Amtsgewalt übertrage.

Von der Zweigewaltenlehre zur Konstantinischen Schenkung

Der päpstliche Primatsanspruch erstreckte sich nicht allein auf Glaubensfragen und organisatorische Belange der Universalkirche, sondern erfasste alle Lebensbereiche aller Christen einschließlich des Kaisers. In aller Deutlichkeit formulierte diesen Anspruch Papst Gelasius I. (492–496) in einem Schreiben vom Jahr 494 an Kaiser Anastasios I.:

> Zwei Dinge sind es, durch die grundsätzlich die Welt gelenkt wird: die geheiligte Autorität der Priester und die königliche Gewalt. Von ihnen ist das Ansehen der Priester umso gewichtiger, als sie auch für die Könige der Menschen im göttlichen Gericht Rechenschaft abzulegen haben.[1]

Diese gelasianische Zweigewaltenlehre sollte das ganze Mittelalter hindurch prägend für das Gewaltenverständnis werden, wurde von königlicher/kaiserlicher Seite als Beweis für die Gleichrangigkeit und Gottesunmittelbarkeit der weltlichen Macht und von päpstlicher Seite als Beweis für die Überordnung der geistlichen Macht angesehen. Zudem belegt das Schreiben das gesteigerte Selbstbewusstsein gegenüber der fernen kaiserlichen Macht, das entscheidend für die Fortentwicklung des päpstlichen Primats werden sollte.

Im 5. Jahrhundert bildete sich allmählich die Silvesterlegende heraus, die zur Basis der Konstantinischen Schenkung werden sollte, einer wahrscheinlich in der zweiten Hälfte des 8. Jahrhunderts in der päpstlichen Kanzlei gefertigten Urkunde Konstantins des Großen für Bischof Silvester I. Deren Echtheit war zwar schon im Mittelalter hin und wieder bezweifelt worden, wurde aber erst 1433 von Nikolaus von Kues und 1440 von Lorenzo Valla aufgrund philologischer Beweisführung als

Die Silvesterlegende

Nach der Legende soll Papst Silvester I. Kaiser Konstantin vom Aussatz geheilt haben, worauf der sich von ihm habe taufen lassen. Aus Hochachtung vor dem Papsttum habe er seine Residenz nach Byzanz verlegt, weil es nicht schicklich sei, dort Macht auszuüben, wo der himmlische Kaiser das Haupt der christlichen Religion eingesetzt habe. Tatsächlich hat Konstantin sich wohl erst auf dem Totenbett taufen lassen, obwohl er aktiv an theologischen Auseinandersetzungen beteiligt war.

Fälschung entlarvt. In dieser Urkunde schenkte Kaiser Konstantin der Große aus Dank für seine wunderbare Heilung durch Papst Silvester I. diesem und seinen Nachfolgern einerseits kaiserliche Ehrenrechte, vor allem die kaiserlichen Hoheitsrechte und das kaiserliche Diadem, andererseits den kaiserlichen Lateranpalast, die Stadt Rom und alle Provinzen, Orte und Städte Italiens und des Abendlandes und stellte die Römische Kirche über alle anderen, namentlich auch die von Konstantinopel.

Wann und wo diese Fälschung abgefasst worden ist, steht nicht fest, doch haben Päpste bis in die Neuzeit auf sie verwiesen, wenn sie ihre weltlichen Machtansprüche begründeten, darunter sogar den Vorrang gegenüber dem Kaiser in weltlichen Angelegenheiten.

Es hat den Anschein, als ob Karl der Große und schon sein Vater, König Pippin, mit den darin enthaltenen Ansprüchen konfrontiert worden seien, damit sie den heiligen Petrus und seine Nachfolger in der Tradition Konstantins mit den Gebieten beschenkten, aus denen sich der Kirchenstaat entwickeln sollte, der bis ins 18. Jahrhundert aktiv in der europäischen Politik mitmischte und dessen Relikte noch heute einen eigenen Staat innerhalb Italiens bilden.

Die kaiserliche Interpretation der Zweigewaltenlehre

Bei aller Selbstständigkeit und allem Selbstbewusstsein waren die römischen Bischöfe doch abhängig vom Kaiser in Byzanz, den sie als ihren Schützer betrachteten, der häufig in innerkirchliche Angelegenheiten eingriff, Konzile einberief und sogar Konzilsbeschlüsse über Glaubensfragen entscheidend beeinflusste. Wie schwerwiegend dieser Einfluss sein konnte, zeigt das Beispiel Kaiser Justinians: Dieser erkannte zwar die Würde des Priesteramtes durchaus an, doch keineswegs im Sinne der Zweigewaltenlehre. Bei ihm konnte keine Rede mehr von der höheren Autorität des Priesteramtes sein, er beschränkte die Aufgabe des Priester- und Bischofsamtes allein auf das Beten und versuchte, das Römische Reich unter seine Alleinherrschaft zu zwingen: nicht nur militärisch, sondern auch religiös. Das Auftreten des römischen Bischofs, der im Streit um die Auslegung des Wortes Gottes die Meinungsführerschaft beanspruchte, war ihm ein Dorn im Auge, er setzte Papst Silverius wegen Hochverrats ab und verbannte ihn. Zwar wählte Justinian dessen Nachfolger, Vigilius, selbst aus, ließ ihn aber später, als er sich angesichts theologischer Unstimmigkeiten nicht als „linientreu" erwies, nach Konstantinopel bringen und schwor ihn rigoros auf die von ihm vertretene Theologie ein – die Rückreise nach Rom hat Vigilius nicht überlebt. Zu dessen Nachfolger bestimmte Justinian seinen Berater Pelagius. Seit dessen Einsetzung musste jeder Papst vor der Weihe die kaiserliche Bestätigung einholen.

Justinians zupackende Politik blieb eine Ausnahme, seine Nachfolger strebten nicht mehr die Wiedervereinigung des Reiches unter ihrer Herrschaft an, sondern begnügten sich mit dem Einfluss, den sie über den Exarchat von Ravenna, die süditalienischen Gebiete und Rom selbst nehmen konnten. Der ihnen zugedachten Rolle als Schützer der römischen Kirche wurden die Kaiser zwar genau genommen zu keinem Zeitpunkt gerecht, dennoch blieb die Vorstellung von schutzbedürftiger Kirche und Schutz gewährendem Kaiser erhalten.

Das Papsttum, Bewahrer der kaiserlichen Rechtspflege und Verwaltung

Weitgehend frei von kaiserlichem Druck etablierten sich die Päpste auf der Basis ihrer Vorrangstellung in der Kirche als politische „Großmacht" zumindest im Westen. In kaiserlicher Tradition richteten sie eine höchst effektive Kanzlei ein, die bis weit in die Neuzeit hinein die am besten organisierte und funktionierende Behörde Europas sein sollte. Sie traten als Gesetzgeber und Bewahrer des am Kaiserrecht orientierten Kirchenrechts auf. Alles in allem gab es im weströmischen Reich seit der Eroberung Galliens durch den Frankenkönig Chlodwig kein auch nur annähernd so gut organisiertes Herrschaftsgebilde wie das der römischen Kirche, die, ohne über ein nennenswertes irdisches Reich zu verfügen, durch Bischöfe, Priester und Klöster Einfluss auf ganz Europa genommen hat.

Kirchenrecht

Bereits im 5. Jahrhundert wurde eine Sammlung der kirchlichen Vorschriften angelegt, die teils aus der Heiligen Schrift und den Lehren der Kirchenväter, teils aus Vorschriften bestand, die auf Konzilien und/oder vom Papst erlassen worden waren. Daraus entwickelte sich das für den kirchlichen Bereich gültige Kanonische Recht, das mit zeitbedingten Veränderungen noch heute gültig ist.

Fränkische Königstradition: Könige mit Königsheil in ihren Haaren

Generationen von Historikern haben Ursprünge und Funktion des germanischen Königtums erforscht und eine ganze Reihe höchst interessanter Thesen aufgestellt, die samt und sonders Teilbereiche eines Phänomens erfassen, das wir einzig aus der Sichtweise der römischen Geschichtsschreiber kennen, nicht aber aus Selbstzeugnissen der Germanen, denn die lebten weitgehend unschriftlich. Wir brauchen allerdings das fränkisch/germanische Königtum nicht bis in seine Urzeiten zurückzuverfolgen, um etwas über die Herrschertradition zu erfahren, in der Karl der Große stand, es genügt ein Blick auf die bewegte Zeit nach der Gründung des großfränkischen Reiches durch König Chlodwig (481/482–511), zu dem neben den fränkischen Stammlanden auch noch die Gebiete der Alemannen und Burgunder sowie mit Gallien ein Teil des Römischen Reiches gehörten.

Die Merowinger

Chlodwig war ein Abkömmling des merowingischen Königshauses, dessen Stammvater Merowech der Sage nach von einem Seeungeheuer mit Stierkopf gezeugt worden sein soll. Der Ursprung des Geschlechts war dadurch der rein menschlichen Sphäre entrückt, wie der König selbst. Er war Träger

Königsheil

Das Königsheil hatte seinen Sitz in den Haupthaaren der Könige. Sollte ein Merowinger regierungsunfähig gemacht werden, schor man ihn und steckte ihn ins Kloster, wie Dagobert II. († 679). Bevor dieser Jahre später doch noch auf den Thron erhoben wurde, musste er seine Haarpracht nachwachsen lassen.

des Königsheils, das er an seine Söhne vererbte. Aufgrund dieses Erbrechts wurde das Frankenreich immer wieder geteilt, Streitigkeiten unter den Verwandten führten zu zahlreichen Kriegen, in denen die Macht des merowingischen Hauses dahinschmolz und die des Adels wuchs. Die Adeligen standen in einem Treueverhältnis zu ihrem Herrn, das zwar zu gegenseitiger Treue verpflichtete, aber doch Freiraum für eigenständige Machtpolitik der Vasallen selbst gegen den König ließ. Der Herrschaftsaufbau des Frankenreiches beruhte auf dem sich allmählich herausbildenden Lehnswesen, dem im Gegensatz zum antiken Römischen Reich das herausstechende Merkmal von Staatlichkeit, die Zentralverwaltung, fehlte.

„Staatsstreich" und neue Legitimation

Den Merowingern war nach zahllosen Kriegen der Familienmitglieder gegeneinander wenig mehr als das Königsheil als Herrschaftsgrundlage geblieben. Welch große Legitimationskraft diesem jedoch zugemessen wurde, zeigt, dass Kaiser Karls Großvater, Karl Martell, es nicht wagte, nach der Krone zu greifen, obwohl er über Jahre hinweg ohne König über das ganze Frankenreich herrschte. Seine Söhne, Pippin der Jüngere und Karlmann, sahen sich 943 gezwungen, zur Legitimation ihrer Herrschaft den Merowinger Childerich III. als König einzusetzen. Bevor Pippin diesen 751 absetzte und sich selbst von den Franken zum König erheben ließ, schickte er laut Reichsannalen (zum Jahr 749) eine Gesandtschaft zum Papst, die anfragen sollte, ob es richtig sei, dass es im Frankenreich Könige ohne Königsmacht gäbe. Papst Zacharias gab Pippin laut fränkischen Reichsannalen den Bescheid, es sei besser, den als König zu bezeichnen, der die Macht habe, als den, der ohne königliche Macht sei. Um die Ordnung nicht zu stören, ließ er kraft seiner apostolischen Autorität Pippin zum König erheben.

Die päpstliche Autorität wurde gewiss mit diesen Worten überbetont, unterstreicht doch dieselbe Quelle zum folgenden Jahr die fränkische Tradition der Königserhebung:

> Pippin wurde nach der Sitte der Franken zum König gewählt, von der Hand des Erzbischofs Bonifatius heiligen Andenkens gesalbt und von den Franken in Soissons zum König erhoben. Childerich aber, der Scheinkönig, wurde geschoren und ins Kloster gesteckt.[1]

Damit war das Tabu gebrochen, das den Königsthron ausschließlich für Mitglieder des merowingischen Königshauses reservierte. Nicht mehr das Geblüt, sondern die Macht und die Fähigkeit effektiv zu regieren, waren ausschlaggebend für die Übernahme des Königtums geworden. Auffallend ist aber, dass der mächtige Pippin sich scheute, ohne Rückversicherung zu handeln und die Autorität des Papstes suchte, um sein Königtum rechtlich abzusichern. Pippin war sich bewusst, dass ihm die Franken nur dann folgen würden, wenn er ausreichend legitimiert wäre. Das Gewicht des Urteils der höchsten kirchlichen Autorität beruhigte die Gemüter der Franken, denn der Papst hatte das entscheidende neue Auswahlkriterium gleich mitgeliefert: Der Thronwechsel war wegen der göttlichen Ordnung nötig geworden. Pippin war aufgrund seiner Machtfülle der geeignete und damit rechtmäßige Herrscher, die göttliche Ordnung stand über dem alten, heidnischen Geblütsrecht, dem Glauben an das Königsheil im königlichen Haarschopf. So verwundert es nicht, dass auch Einhard, der Biograf Karls des Großen, hervorhob, dass Pippin durch den Spruch des römischen Papstes vom Hausmeier zum König erhoben worden war. Aufgrund welchen Rechtes der Papst „erheben" konnte, ließ Einhard allerdings offen, eine derartige Tradition fehlte nämlich. Man kann nur vermuten, dass der enge Vertraute des Kaisers davon ausging, dass dem Oberhaupt der römischen und fränkischen Kirche ein solches Recht zustehe.

So ganz ausreichend erschien dem neuen Königshaus die vom Papst gebotene Legitimation anscheinend doch nicht, vielleicht konnte man sich einen König ohne die Aura von magischer Kraft nicht vorstellen, weshalb sich Pippin nach alttestamentarischem Vorbild salben ließ und gleich den Merowingern der rein menschlichen Sphäre entrückt wurde.

Es hat den Anschein, dass selbst die Salbung noch nicht das Bedürfnis gestillt hat, diesen „revolutionären Akt" zu legi-

Heilkraft durch Salbung

Die Königssalbung bewahrte die Vorstellung vom Königsheil bis in die Neuzeit. Dem frisch gesalbten französischen König schrieb man bis 1825 (Krönung Karls X.) die Fähigkeit zu, durch Handauflegung Skrofeln (Hautveränderung bei Tuberkulose) zu heilen. Aufbewahrt wurde das heilige Salböl, das der Heilige Geist in Gestalt einer Taube zur Taufe des Merowingerkönigs Chlodwigs I. (496) vom Himmel gebracht haben soll, in der Kathedrale von Reims. Der englische König verlor analoge Heilkraft schon im 18. Jahrhundert.

timieren, denn es fällt auf, dass in einer um die Zeit von Karls Kaiserkrönung entstandenen Genealogie der Karolinger versucht wurde, merowingische Vorfahren in die karolingische Familie „einzuschmuggeln“, deren Zugehörigkeit der Überprüfung von Geschichtswissenschaftlern nicht standhält. Auch in diesem Fall dürfte es sich um eine Fälschung handeln, welche die Überzeugung von der eigenen Herkunft widerspiegelt.

Man darf sich nicht vorstellen, die Franken hätten durch die Übernahme des christlichen Glaubens jeglichen heidnischen Glauben und jegliche Furcht vor dem Zorn der alten Götter abgelegt. Beides lebte vielmehr fort und „bereicherte“ den christlichen Glauben in vielfacher Weise, man denke nur an die zahllosen Heiligen mit ihren speziellen Ressorts für Hilfeleistung in jedweden Notlagen. Weshalb hätten sich die Franken also mit einem Königshaus ohne magische Kraft zufrieden geben sollen? Erhalten blieb im karolingischen Haus die Tradition, das Reich unter die Söhne zu teilen, was wie schon bei den Merowingern zu Streit, Krieg und Niedergang führen sollte. Diese Art des Teilens von Königreichen, die ihre Wurzeln in der Geblütsheiligkeit hat, verschwand in ganz Europa erst Ende des 9. Jahrhunderts.

Karl der Grosse als Persönlichkeit

Gestaltungskraft entspringt der Persönlichkeit:

Karl vereinte in sich Skrupellosigkeit und Tatkraft,

Wissbegier und Lernbereitschaft, Zorn und

Liebenswürdigkeit, Autorität und Belehrbarkeit.

Die frühen Vorfahren: Ansippung und Tatkraft

Charakter und Selbstbewusstsein von Karl dem Großen hatten ohne Zweifel maßgeblichen Anteil daran, dass es zu Weihnachten des Jahres 800 zu seiner Kaiserkrönung kommen konnte. Natürlich ist es mit einem Abstand von etwa 1200 Jahren nicht möglich, die Persönlichkeit in all ihren Facetten voll und ganz zu erfassen, doch ermöglicht die vergleichsweise gute Quellenlage aufschlussreiche Beobachtungen. Karls Vater und Großvater, vor allem aber Karl selbst haben durch ihre erfolgreiche Politik und ihr zupackendes, bisweilen skrupellos erscheinendes Handeln die Voraussetzungen dafür geschaffen, dass der Papst das westliche Kaisertum zum Schutz der römischen Kirche und des Papsttums erneuert und auf Karl übertragen hat. Karl war sich der Leistungen seiner äußerst machtorientierten Vorfahren bewusst und ging konsequent die politischen Wege weiter, die sie eingeschlagen hatten.

Fiktive Vorfahren

Karl entstammte zwar einer alten, vornehmen Familie, doch fehlte dieser nach heutigen Erkenntnissen die verwandtschaftliche Verbindung zum merowingischen Königshaus. Er selbst und seine Umgebung haben das ganz anders gesehen. In der bald nach 800 vermutlich in Metz entstandenen ersten Herr-

Ansippung

Als Ansippung bezeichnet man das Streben, eine Verwandtschaft zu herausragenden Personen oder Völkern herzustellen, um dadurch das eigene Ansehen aufzuwerten. Die Franken z. B. sippten sich an die Trojaner an, die Karolinger an die Merowinger und über die Heiligen auch an die christliche Tradition.

schergenealogie des Mittelalters wurden als Stammväter der Karolinger nämlich väterlicherseits eine römische Senatorenfamilie und mütterlicherseits die Merowinger aufgeführt – natürlich durften auch Heilige im erlauchten Familienkreis nicht fehlen. Nach dem Vorbild des Stammbaumes Jesu im Neuen Testament verfolgte der anonyme Autor die Familie Karls des Großen in männlicher Linie zurück bis zu einem Anspert aus senatorischem Geschlecht, der Blithild, die Tochter des Frankenkönigs Chlothar I. (511–561), geehelicht haben soll: Deren ältester Nachkomme sei ein gewisser Arnold gewesen, der Vater des um 562 geborenen Bischofs Arnulf von Metz, von dem Karl in direkter Linie abstammte. Arnolds drei Geschwister sollen Heilige gewesen sein.

Diese genealogische Fälschung zeugt vom Selbstbewusstsein am Hofe des „frisch gebackenen" Kaisers. Auffällig ist zunächst die Ansippung an die Römer durch den Stammvater Anspert, denn diese waren das angesehene Kulturvolk, das Karl nun beherrschte, weshalb familiäre Wurzeln im römischen Adel zumindest wünschenswert waren. Das soll nun nicht heißen, dass Karl den Autor situationsbedingt beauftragt habe, ihm einen römischen Stammvater zu erfinden, das „Wissen" über den Senator Anspert ist vermutlich wesentlich älter, denn Verwandtschaft und damit Ebenbürtigkeit mit den Römern

Arnulf Bf. v. Metz † ca. 640

Chlodulf Bf. v. Metz
† nach 670

Ansegisel † nach 657
∞ Begga

Pippin II. (d. Mittlere) frk. Hausmeier † 714
∞ I. Plektrud
∞ 2. Chalpaida
∞ 3. NN

(I) Drogo Hzg. der Champagne
† 708
∞ Adaltrud

(I) Grimoald (II.) Hausmeier in Neustrien
† 714
∞ 1. Theudsinde, T. v. Radbod, Hzg. der Friesen
∞ 2. NN

(1) Arnulf Hzg.
† 723

Hugo Bf. v. Rouen
† 730?

NN † 723

Theudoald frk.
Hausmeier † 715?

(I) Karlmann frk.
Hausmeier † 754

(I) Pippin III. (d. J.)
Kg. d. Franken † 768
∞ Bertrada d. J.

(1) Hiltrud † 754
∞ Odilo bayer. Hzg.

Drogo
† nach 754

Karl d. Gr.
Kg. d. Franken,
Ks. † 814

Karlmann
frk. Kg.
† 771
∞ Gerberga

Gisela Äbt. v.
Chelles † 810

Pippin
† 761

Die Karolinger bis zu Karl dem Großen

Pippin I. (d. Ä.) Hausmeier † 639/640
∞ Itta/Iduberga

Begga † 693?
∞ Ansegisel

Gertrud v. Nivelles † 659?

Grimoald I. (d. Ä.) frk. Hausmeier
† 656/657

Childebert (III.)
† 656/657

Wulfetrud Äbt. v.
Nivelles † 669

(2) Karl Martell frk. Hausmeier † 741
∞ 1. Chrotrud
∞ 2. Swanahild
∞ 3. (Ruodhaid?)

(3) Childebrand Gf. in Burgund
† nach 751

Nibelung frk. Gf. † nach 768

(2) Grifo † 753

(3) Bernhard † 787
∞ 1. Fränkin
∞ 2. Sächsin

(3) Hieronymus † nach 754
(3) Remigius/Remedius
Bf. v. Rouen † 771

Tassilo III.
bayer. Hzg.
† nach 794

(I) Adalhard Abt
v. Corbie † 826

(2) Wala Abt v.
Corbie † 836

(2) Gundrada † nach 826
(2) Bernhar † nach 801
(2) Theodrada † 846

Äbt. = Äbtissin, Bf. = Bischof, Gf. = Graf, Hzg. = Herzog

waren schon lange ein Thema der Franken gewesen. So machte erstmals der anonyme Autor der um 660 geschriebenen Chronik des sogenannten Fredegar (III, 2–4) die Trojaner zu Stammvätern der Franken, die damit unausgesprochen zu unmittelbaren Verwandten der Römer wurden – der Geschichtsschreiber verweist ausdrücklich auf Vergil, der in seiner *Aeneis*, dem römischen Nationalepos, den Trojaner Aeneas als Stammvater der Römer überliefert hat. Die Herkunftssage, welche die Frankenkönige zu unmittelbaren Nachkommen des edlen Priamos machte (Fredegar III, 9), wurde bis ins 16. Jahrhundert in Chroniken und Dichtung wieder aufgegriffen, darunter auch vom Autor des für Karls Enkel, Karl den Kahlen, geschriebenen Liedes über die Ursprünge der Franken. Übrigens rühmten sich auch Briten und Normannen trojanischer Herkunft.

Die Abstammung von der Tochter Chlothars I., der als letzter Merowinger das Gesamtreich beherrscht hat, machte die Karolinger in weiblicher Linie zudem zu Blutsverwandten der von Priamos abstammenden Merowinger und damit in gewisser Weise zum Träger des Königsheils. Der Autor der Chronik des Fredegar erzählt für die Zeit nach einer Niederlage, welche die Franken unter einem Herrscher aus anderem Haus gegen die Römer erlitten hatten Folgendes:

> Die Franken wählten nach sorgfältigen Überlegungen einen König, der sich wie früher durch langes Haar auszeichnete, aus dem Geschlecht des Priamus, Friga und Francio; sein Name war Theudomer, Sohn des Richimer, der in dem Kampf, von dem ich eben gesprochen habe, von den Römern getötet wurde. Ihm folgte in der Herrschaft sein Sohn Chlodio, der stärkste Mann seines Volkes […].[1]

Die Frau dieses Chlodio wurde Mutter des Merowech, des namengebenden Stammvaters der Merowinger, der laut älteren

Erzählungen, die dem Autor suspekt erscheinen, von einem Meeresungeheuer mit Stierkopf gezeugt worden sein soll. Blithild hat dieses Königsheil und damit Herrschaftsfähigkeit und -recht der Merowinger schon Karls des Großen Urahnen vermittelt, die seitdem stets zu den hervorragenden Persönlichkeiten des Frankenreichs gehört hatten. Ein Dichter hat um die Mitte des 9. Jahrhunderts festgestellt, dass die Ehe des Senators Anspert mit der Königstochter Blithild den Bund zwischen Römern und Franken sichtbar gemacht habe und dass in den aus dieser Ehe hervorgegangenen Heiligen die göttliche Begnadung des Arnold und seines Geschlechtes zum Ausdruck komme. Eine der glänzendsten Gestalten des 9. Jahrhunderts, Erzbischof Hinkmar von Reims, hat Karl den Kahlen anlässlich seiner Krönung 869 in Metz als Nachfahren des Reichsgründers Chlodwig bezeichnet, des ersten getauften Frankenkönigs.

Die Heiligen unter den Vorfahren hoben das karolingische Herrscherhaus im Ansehen einer abergläubischen Gesellschaft noch weit über die Merowinger hinaus, die an Fürsprechern vor Gottes Thron allenfalls ein paar unfreiwillige Mönche und Radegunde aufweisen konnten, die ihren nur unter Zwang geheirateten Ehemann, König Chlothar I., verlassen hatte, nachdem der ihren Bruder hatte hinrichten lassen.

Der Typ des Adelsheiligen

Bereits im 4./5. Jahrhundert hatte sich der Typ des Adelsheiligen herausgebildet, der sich von der Macht und dem weltlichen Leben verabschiedet und zurückzieht, um ungestört Gott dienen zu können. In zahlreichen Adelshäusern finden sich derartige tatsächliche oder fiktive Heilige, die den Ruhm des Hauses in einer vom Christentum geprägten Welt erheblich mehrten, zumal Heilige ja mächtig vor Gott waren, sozusagen zu seinem „Beraterstab" gehörten.

Aufstieg und Fall der Arnulfinger/Karolinger

Nach dem zeitgenössischen Autor seiner Lebensbeschreibung war Bischof Arnulf von Metz, der eine Stammvater der Karolinger, Franke und Sohn edler und begüterter Eltern. Aufgewachsen im Umkreis des austrasischen Königshofes[2] Theudeberts II., zog er als königlicher *domesticus* in sechs Amtssprengeln Abgaben ein, übte in diesen richterliche und „polizeiliche" Funktionen aus und gehörte zu den einflussreichsten Persönlichkeiten am Hofe. In den Thronwirren des Jahres 613 verhalf er zusammen mit Pippin dem Älteren, dem anderen Stammvater der Karolinger, an der Spitze einer austrasischen Adelsopposition dem Neustrierkönig Chlothar II. (584–629) zum austrasischen Thron. Diesen hatte Brunichilde für ihren minderjährigen Urenkel beansprucht – die Königin wollte über ihren Urenkel weiterhin selbst an der Macht bleiben. Chlothar II. vereinte kurzzeitig ein letztes Mal das geteilte und durch Bruderkriege zerrissene Frankenreich. Brunichilde hingegen wurde gevierteilt. Abgestoßen von dieser Grausamkeit soll Arnulf schon damals vorgehabt haben, ins Kloster zu gehen, doch wurde er 614 zum Bischof von Metz erhoben und spielte als Erzieher des Königssohnes weiterhin eine bedeutende Rolle bei Hofe, bis er 629 vermutlich aufgrund von Differenzen mit seinem einstigen Schützling und zwischenzeitlichen König Dagobert I., das Bischofsamt niederlegte und sich in die Waldeseinsamkeit des Klosters Remiremont in den Vogesen zurückzog. Dort soll er als Einsiedler bis zu seinem Tod (ca. 640) Kranke und Aussätzige gepflegt haben, weshalb er seit dem ausgehenden 8. Jahrhundert als Heiliger verehrt wurde. Von seinen beiden Söhnen wurde einer Bischof von Metz, während der andere, Ansegisel, Begga, die Tochter Pippins des Älteren, heiratete und dadurch die Arnulfinger mit den Pippiniden verband.

Das Amt des Hausmeiers

Hausmeier waren Vorsteher des grundherrschaftlichen Hausgesindes und selbst am Königshof ursprünglich unfrei. Unter den Merowingern, bei denen jedes Mitglied des Hauses einen eigenen Meier hatte, wuchs ihnen eine derartige Macht zu, dass sie zu faktischen Herrschern des jeweiligen Teilreiches wurden, bis Pippin der Jüngere, Karls des Großen Vater, selbst zum König erhoben wurde. Die Karolinger verzichteten auf Hausmeier.

Dagobert entfremdete sich auch Pippin, der spätestens 624/625 den Titel des Hausmeiers geführt hatte. Als Dagobert 638 oder 639 verstarb, hinterließ er zwei minderjährige Söhne, Sigibert III., König von Austrasien, und Chlodwig II., König von Neustrien und Burgund. Pippin setzte als Sachwalter Sigiberts dessen Rechte gegenüber Dagoberts Witwe und Chlodwig durch und hatte dabei den austrasischen Adel hinter sich. Zwar verstarb er schon 640, hatte aber in seinem Sohn Grimoald einen Nachfolger, der sich gegenüber seinen Konkurrenten um die Vormacht im Reich erfolgreich durchsetzte. Die Neustrier nahmen ihn gefangen und richteten ihn hin, die nächsten beiden Jahrzehnte dominierten die neustrischen Könige und ihr Hausmeier Ebroin.

Der Wiederaufstieg

Im Jahr 675 ergriff Pippin der Mittlere die Macht in Austrasien, der Sohn Ansegisels und Beggas, Grimoalds Neffe und Erbe. Als Alleinerbe begüterter Vorfahren besaß er eine ansehnliche Hausmacht, die er durch seine Heirat mit Plectrud (aus vornehmem, aber nicht mit Sicherheit zu ermittelndem Geschlecht) entscheidend mehrte. Der Durchbruch zur Vorrangstellung im Gesamtreich gelang Pippin 687 in der Schlacht bei Tertry an der Somme, in der er den neustrischen Hausmeier Berchar besiegte. Dessen Ermordung im folgenden Jahr machte ihn faktisch zum Alleinherrscher über das Frankenreich. Den in Neustrien residierenden König Theuderich III. überwachten Getreue Pippins, der sich selbst nach Austrasien zurückzog.

Den Söhnen aus der Verbindung mit Plectrud, Drogo und Grimoald, übertrug Pippin schon früh verantwortungsvolle Aufgaben, während Karl, sein Sohn mit der ebenfalls aus einer führenden Familie stammenden Chalpaida, zunächst im Hintergrund stand. Die Vermutung der älteren Forschung, Karl sei illegitim und deshalb nicht erbberechtigt gewesen, hat sich als falsch erwiesen, vielmehr war er vermutlich der älteste Sohn aus erster Ehe, der unter dem Einfluss seiner Stiefmutter hintangestellt wurde.[3] Plectrud nahm ihren Stiefsohn nach dem Tod ihrer Söhne und ihres Mannes (714) in Haft und regierte gemeinsam mit ihrem Enkel Theudoald, der jedoch schon 715 in einem Gefecht mit den Neustriern erschlagen wurde. Deren Hausmeier Raganfred stieß in die Stammlande der Karolinger vor und belagerte sogar Plectruds „Residenz" Köln (716).

„Retter" des Abendlandes

Karl Martell gilt als Verteidiger des christlichen Abendlandes gegen die Araber und den Islam. Nachdem die Araber 711 das Westgotenreich in Spanien erobert hatten, drangen sie in das Frankenreich vor. Karl besiegte sie in der Schlacht bei Tours und Poitiers 732 und brachte ihren schon ins Stocken geratenen Vormarsch dauerhaft zum Stehen. Dieser Sieg hat die Zeitgenossen derart beeindruckt, dass sie von einem Triumph des Christentums über die Heiden sprachen.

In dieser Situation griff der aus der Haft entkommene Karl ein, der sehr schnell Anhang in Austrasien fand. Mit einer Energie, die ihm schon bei Geschichtsschreibern des 9. Jahrhunderts den Beinamen „Martell“ (Hammer) eintrug, stellte er die väterliche Machtposition wieder her, besiegte 717/718 die Neustrier und brachte den König unter seine Gewalt, der als Galionsfigur seine Herrschaft legitimierte. Nach dem Tod des von ihm eingesetzten Merowingers Theuderich IV. (737) herrschte Karl Martell königsgleich im Frankenreich, dessen Randgebiete er durch militärische und politische Maßnahmen enger an die Zentralmacht des Frankenreichs band. Angesichts der andauernden Streitigkeiten um die Vormacht im Reich hatten die Herzöge der Thüringer, Alemannen, Aquitanier und Bayern zuvor weitgehend selbstständig geherrscht, die Könige und Hausmeier konnten ihnen nicht Einhalt gebieten.

Im Merowingerreich hatten sich von Herzögen geführte Stammesherzogtümer (Dukate) als Verwaltungseinheiten mit vornehmlich militärischen Aufgaben herausgebildet. Sie umfassten mehrere Grafschaften (Komitate). In der Zeit des Niedergangs der Königsmacht verselbstständigten sie sich und wurden zu eigenständigen Herrschaften. Bereits Karl Martell und Pippin suchten diese Zwischengewalten auszuschalten. Karl der Große beseitigte mit Tassilo III. von Bayern den letzten Stammesherzog.

Karl Martells unzweifelhafte Vorrangstellung in Europa führte dazu, dass der von den Langobarden bedrängte Papst Gregor III. (739–741) ihn um Hilfe bat und ihm die Schutzherrschaft über Rom anbot. Der allerdings unterhielt beste Beziehungen zu König Liutprand, der seinen Kampf gegen die Araber in der Provence unterstützt und seinen zweiten Sohn Pippin symbolisch durch Scheren des Haupthaares adoptiert hatte. Das Bündnis mit dem Langobarden hatte sich in seiner Politik

Die Langobarden

Im Rahmen der großen Völkerwanderung eroberte dieser germanische Stamm, dem sich Angehörige anderer Stämme angeschlossen hatten, seit 568 Italien, abgesehen von den byzantinischen Gebieten Süditaliens, dem unter byzantinischer Verwaltung stehenden Exarchat von Ravenna und Rom. Doch auch diese Gebiete bedrohten die Langobarden immer wieder und zogen sich dadurch die Feindschaft des Papstes und des oströmischen Kaisers zu.

gegenüber den Bayern und Alemannen bewährt, er wollte es nicht für die vage Hoffnung auf den Gewinn der Herrschaft über Rom aufs Spiel setzen. Deren Erwerb hätte ihn nicht nur mit den Langobarden, sondern auch mit dem oströmischen Kaiser in Konflikt gebracht, der weiterhin „staatsrechtlichen" Anspruch auf Rom und Italien oder zumindest Teile davon erhob. Außerdem hätte ein militärisches Eingreifen in Italien vor allem bei einem Misserfolg die Herrschaft zumindest über die Randgebiete des Frankenreiches wieder gefährden können. Karl Martell konzentrierte sich auf die Konsolidierung seiner Herrschaft und wurde auch ohne Königstitel in jeder Hinsicht oberster Repräsentant des Frankenreichs.

Auf dem Weg zum Königtum

Königsgleich, wie er geherrscht hatte, teilte Karl Martell das Reich unter seine Söhne Karlmann und Pippin aus erster Ehe mit Chrotrud und Grifo, aus seiner zweiten Ehe mit Swanahild, einer Verwandten des von ihm als Herzog von Bayern eingesetzten Odilo. Karlmann und Pippin besiegten noch 741 ihre Stiefmutter und ihren Halbbruder und teilten im folgenden Jahr das

Reich unter sich auf, ohne Grifo zu berücksichtigen. Zunächst hielten die beiden zusammen, da sich Alemannen, Bayern und Aquitanier gegen ihre Herrschaft erhoben, was derart gefährlich wurde, dass sie mit Childerich III. wieder einen merowingischen König einsetzten, damit ihr Tun durch den Namen des Königs legitimiert war. Bis 745 hatten Karlmann und Pippin alle Aufständischen unterworfen und die gemeinsame Politik fand ihr Ende.

Es begann eine Entfremdung der Brüder, die schließlich dazu führte, dass Karlmann 747 aus religiösen Gründen abdankte, seinen ältesten Sohn Drogo als Nachfolger einsetzte und sich zunächst nach Rom und wenig später als Mönch auf den Monte Soratte nördlich und schließlich nach Montecassino südlich von Rom zurückzog. Drogo konnte sich nicht lange als Teilhaber der Macht gegenüber Pippin halten, auch wenn er die Ansprüche am Reich aufrechterhielt. Schließlich war Pippins Herrschaft derart gefestigt, dass er sich zum König erheben ließ.

Als sich der vom Langobardenkönig Aistulf bedrohte Papst Stephan II. 753 Hilfe suchend an Pippin wandte, lud der ihn ins Frankenreich ein und empfing ihn am 6. Januar in seiner Pfalz Ponthion. Aistulf seinerseits veranlasste den Abt von Montecassino, den Mönch Karlmann ins Frankenreich zu schicken, damit der ein Bündnis zwischen Papst und Pippin verhindere. Karlmann musste ja befürchten, dass seine Söhne um ihr Erbe betrogen würden. Zwar stellten sich etliche fränkische Große hinter Karlmann und erhoben sich gegen Pippin, doch konnte dieser seinen Bruder gefangen nehmen. Fast zur selben Zeit fielen ihm auch dessen Söhne in die Hand, die er zu Mönchen scheren ließ und damit vom väterlichen Erbe ausschloss. Karlmann starb im August in Vienne in der Obhut seiner Schwägerin Bertrada. Im selben Jahr wurde Grifo von fränkischen Grenztruppen bei dem Versuch erschlagen, zu König

Aistulf zu fliehen. Damit waren alle Konkurrenten aus der eigenen Familie ausgeschaltet.

Pippin hatte allerdings schon anderweitig seine eigene Herrschaft und die seiner Söhne abgesichert, indem er sich Ende Juli zusammen mit seinen etwa sechs- und dreijährigen Söhnen Karl und Karlmann vom Papst höchstpersönlich salben ließ. Gleichzeitig spendete der Papst beiden Knaben das Sakrament der Firmung, wodurch er gleichsam eine Patenschaft übernahm, und hat vermutlich schon zu diesem Zeitpunkt kraft seiner päpstlichen Autorität angeordnet, dass die Franken hinfort ihre Könige nur noch aus dem Geschlecht Pippins nehmen sollten. Damit wehrte der Papst eventuelle Ansprüche aus der Verwandtschaft ab. Pippins Ansehen wertete der Papst noch zusätzlich dadurch auf, dass er ihm den Ehrentitel eines *patricius Romanorum* und damit die Schutzherrschaft über die Römer verlieh. Pippin akzeptierte das, was sein Vater dem Papst um des Bündnisses mit den Langobarden willen verweigert hatte, und zog daraus die Konsequenz: Im Spätsommer 754 zog er über die Alpen, um die von den Langobarden eroberten byzantinischen Gebiete Mittelitaliens zu gewinnen, welche er während einer Versammlung der Großen im April in Quierzy bereits in der berühmten „Pippinischen Schenkung" den Nachfolgern Petri übertragen hatte. Wenngleich er wegen innerfränkischer Widerstände nur ein kleines Heer anführte, besiegte Pippin Aistulf, schloss ihn in Pavia ein und erzwang die Herausgabe der Gebiete sowie die Anerkennung seiner Oberhoheit.

Zwei Jahre später unternahm Pippin einen weiteren Italienzug gegen den wortbrüchigen Aistulf, der nun nicht mehr nur die alten Friedensbedingungen einhalten, sondern auch einen Teil des Königsschatzes herausgeben und Tribut zahlen musste. Das langobardische Königtum hat Pippin trotz seiner Siege anscheinend nicht erstrebt, obwohl er doch als Adoptiv-

„patricius Romanorum“

Konstantin der Große verlieh seinen engsten Vertrauten den Ehrentitel *patricius Romanorum*, der vom Wort her an die alte senatorische Tradition anknüpfte. Später verband sich der Titel mit bestimmten Ämtern. Im Westen führten ihn vor allem die Vertreter des Kaisers in Italien, der Exarch von Ravenna und der Dux (= Herzog) von Rom. Für Pippin und Karl drückte der Titel eine Schutzverpflichtung mit gewissen Vorrechten gegenüber den Römern und der römischen Kirche aus.

sohn Liutprands Ansprüche hätte anmelden können. Vermutlich scheute er Konflikte mit Byzanz, dem Papst und den langobardischen Großen, deren Königstreue alles andere als zuverlässig war – gar mancher Langobardenkönig war von einem „Getreuen“ ermordet worden. Pippin konzentrierte seine militärischen Kräfte darauf, Aquitanien, das sein Vater unter fränkische Oberhoheit gebracht hatte, völlig seiner Herrschaft zu unterwerfen. Erst nach zahlreichen Kriegszügen konnte er das Herzogtum 768 gewinnen, als Herzog Waifar von eigenen Gefolgsleuten ermordet wurde. Der Frankenkönig starb wenig später (am 24. 9. 768) eines natürlichen Todes und wurde wie sein Vater in St. Denis, der Grablege der merowingischen Könige, beigesetzt. Das Reich hatte er zuvor nach fränkischer Tradition unter die beiden Söhne geteilt.

Karls Leben und Taten: Der Weg zum Kaisertum

Pippin hatte durch seine aggressive Politik das Frankenreich mehr denn je in die Rolle einer „Weltmacht“ gedrängt und damit Konflikte vorprogrammiert: Mit der Übernahme des Schutzes der Römischen Kirche und des Papstes mit dessen Anspruch, Oberhaupt der universalen Kirche zu sein, hat Pippin einen Weg eingeschlagen, der nicht nur für seine Söhne und Erben, sondern für ganz Europa bis in die Neuzeit hinein größte Bedeutung erlangen sollte. Die drängende Frage späterer Jahrhunderte: In welcher Rangordnung steht der Beschützer des Stellvertreters Christi auf Erden gegenüber dem Beschützten? stellte sich für Pippin noch nicht, ihm stand die übergeordnete Rolle des Beschützers bei aller Ehrfurcht vor dem Nachfolger Petri vermutlich klar vor Augen.

In der fränkischen Tradition hatte Schutz stets Herrschaft zur Folge. Der Muntherr hatte seine Familie (= Ehefrau, Kinder und Gesinde) zu schützen, die dadurch aber seiner Herrschaft in jeglicher Weise unterstand. Dieselben Auswirkungen hatte der Königsschutz. Kirchen, Klöster, aber auch weltliche Personen, denen der Königsschutz verliehen war, unterstanden der unmittelbaren Herrschaft des Königs. Mit den päpstlichen Vorstellungen von Schutz deckte sich diese Tradition keineswegs.

Karls Jugend

Karl, Pippins ältester Sohn, wurde vermutlich am 2. April 748 geboren. Über seine Jugend ist recht wenig bekannt, abgesehen davon, dass sein Vater ihn 753 Papst Stephan II. bis zum Alpenrand entgegensandte, der ihn im Juli 754 zusammen mit seinem Vater und dem etwa dreijährigen Karlmann zum König salbte. In dieser Zeit dürfte Karls Ausbildung, die Vorbereitung auf das künftige hohe Amt, begonnen haben – das Kleinkindalter, die *infantia,* endete für gewöhnlich im siebten Lebensjahr. Für die Söhne des Adels begann danach die Vorbereitung einerseits auf Kampf und Jagd, andererseits auf standesgemäßes Auftreten. Die Knaben wurden im Reiten, im Umgang mit Waffen und den Jagdgepflogenheiten unterwiesen und erlernten die äußerst wichtigen und komplizierten höfischen Umgangsformen und die Regeln, nach denen sie die Angehörigen eines jeden Standes zu behandeln hatten. Umsicht und entsprechendes Wissen über die angemessene Verhaltensweise waren zur Vermeidung von Konflikten dringend erforderlich und zeichneten den „Adligen von Welt“ aus.

Ehrverletzung

Unstandesgemäße Behandlung eines Adligen verletzte dessen Ehre. Nicht nur die Herabwürdigung der Ehre von Würdenträgern beleidigte, sondern auch zu große Ehrerbietung gegenüber Rangniedrigen, denn diese konnte von denen als Affront aufgefasst werden, denen die erwiesene Ehre zugestanden hätte. Der lateinische Begriff *honor,* den wir mit Ehre übersetzen, bedeutete ebenso Recht und Rechtsstellung. Ehrverletzung war eine Rechtsverletzung, der Streit und Fehde auf dem Fuß folgten.

Karl und sein Bruder dürften auch das mitbekommen haben, was wir unter Schulbildung verstehen, zumindest hatte ihre Mutter, Königin Bertrada, Gelehrte am Hof beschäftigt, die vermutlich auch ihre Tochter Gisela unterrichteten, die wegen ihrer Bildung hochgeschätzte Äbtissin des Klosters Chelles bei Paris. Karl konnte nach Aussagen seines Biografen Einhard Latein wie seine Muttersprache sprechen und das Griechische besser verstehen als sprechen, konnte lesen, aber nicht schreiben. Um diese Fähigkeit hat sich Karl anscheinend erst als Erwachsener vergeblich bemüht, hatte zu diesem Zweck im Bett Tafel und Büchlein unter dem Kopfkissen, um in müßigen Stunden das Schreiben zu üben. Seine Erzieher müssen aber zumindest Interesse für die Wissenschaft geweckt haben, denn anders hätte er nicht die große Liebe zu den edlen Wissenschaften entwickeln können, die Einhard an ihm gerühmt hat, und wäre gewiss nicht der bedeutendste Mäzen und Bildungspolitiker des Mittelalters geworden, der sich mit Geistergrößen umgab und immerhin so weit gebildet war, dass er mitreden konnte.

Die Ausbildungsphase der *pueritia* dauerte etwa bis ins 15. Lebensjahr. Die Volljährigkeit erlangten die Knaben nach salischem Recht mit 12, nach ripuarischem mit 15 Jahren. Pippin führte seine Söhne früh in das Erwachsenenleben ein: Im Jahr 760 unterstellte er das Kloster Saint-Calais bei Le Mans nicht nur seinem eigenem, sondern auch dem Schutz des damals 12-jährigen Karl. Im darauffolgenden Jahr nahm er diesen auf einen Kriegszug nach Aquitanien mit, ein Jahr später auch den damals 11-jährigen Karlmann. 762 stimmten beide Söhne einer Urkunde ihrer Eltern für Kloster Prüm zu. Diese wenigen Erwähnungen zeigen, dass dem Frankenkönig das heute hochaktuelle pädagogische Prinzip des „Learning by doing“ nicht fremd war. 763 endlich übertrug Pippin beiden Söhnen während einer Versammlung der Großen in Worms einige Grafschaften zur Verwaltung, betraute sie also ungeachtet des Altersunterschieds gleichzeitig mit Regierungsgeschäften, die einen handlungsfähigen, volljährigen Mann erforderten. Das muss keineswegs heißen, dass beide gleichzeitig für volljährig erklärt wurden, denn es gibt genügend frühere und spätere Beispiele dafür, dass für Könige im Kindesalter Regenten die tatsächliche Herrschaft führten und dabei im Namen des Königs handelten. Zumindest der 12-jährige Karlmann war für eigenständiges Handeln einfach noch zu jung.

Ungewissheit über Reichsteilung und Bruderstreit

Schon Leopold von Ranke (1795–1886) hat in seiner Weltgeschichte (Bd. 8, S. 389) festgestellt, dass Pippin vor seinem Tod das Reich unter seine Söhne geteilt habe, dass es dann zu einem Bruderstreit gekommen sei und dass Karl seine Frau, die Mutter Pippins des Buckligen, verstoßen habe, um Desiderata, die Tochter des Langobardenkönigs Desiderius, zu heiraten, die er dann aber auf Verlangen des Papstes verlassen habe. Diese Version ist mit gewissen Modifikationen in den Details als unbestrittenes „Geschichtswissen" bis heute tradiert worden. Erst die englische Mediävistin Rosamond McKitterick[1] hat dies auf der Basis einer neuen Interpretation und kritischen Bewertung der wenigen einschlägigen Quellen mit überzeugenden Argumenten infrage gestellt – ohne freilich sagen zu können, wie es denn „wirklich" gewesen sei, weil die magere Quellenlage verschiedene Schlüsse zulässt. Natürlich verändert sich unser Bild von Karl dem Großen, wenn er nicht von vornherein mit seinem Bruder wegen des Erbes im Streit gelegen und nicht die Mutter seines Sohnes verlassen hat, um aus politischen Gründen die Tochter des Langobardenkönigs zu heiraten, die er nach einem knappen Jahr aus politischen Gründen verstieß. Aber solche Fragen sind in unserem Zusammenhang eher ein Nebenschauplatz, und es sollte nicht Aufgabe des Historikers sein, zu urteilen, denn erstens ist die Basis für ein derart moralisch wertendes Urteil meist zu unsicher und zweitens richteten sich die Menschen vor über tausend Jahren nicht nach unseren Wertmaßstäben, sie hatten völlig andere Vorstellungen von Moral, Ehre und sittlichem Handeln.

Die Einweisung in die Herrschaft mit Schilderhebung fand für beide Brüder am Tag des heiligen Dionys (9. Oktober 768) in Soissons (Karlmann) und Noyon (Karl) statt, wobei vermutlich eine nochmalige Krönung mit Salbung durch die Bischöfe der jeweiligen Teilreiche stattfand. Dass es zu Streitigkeiten zwischen den im Großen und Ganzen gemeinsam handelnden Brüdern gekommen ist, bestreitet McKitterick nicht, sie schätzt diese aber nicht als dauernde bittere Rivalität ein – gegenüber Papst Stephan III. hatten die Brüder Streitigkeiten untereinander erwähnt, die sie aber schon vor der Abfassung des Briefes an den Papst beigelegt hatten.

Die Reichsannalen erwähnen nur einen Streit, als Karlmann 769 seinem Bruder aus unbekannten Gründen die Unter-

Schilderhebung

Setzten sich germanische Stämme einen Herrscher, so geschah dies symbolisch dadurch, dass er auf einen Schild gehoben und in dieser exponierten Stellung dem Volk gezeigt wurde, das durch sein Geschrei der Erhebung zustimmte. Der Schild wiederum war als Teil der Bewaffnung einerseits Symbol für den Kampf, andererseits aber auch für den Schutz. In der christlichen Ikonografie entwickelte er sich zum Schutzschild derer, die auf Gott vertrauen.

stützung bei der Sicherung der fränkischen Herrschaft über Aquitanien versagte, die Karl aber dennoch gelang. Im gleichen Jahr hatten Karl und Karlmann 769 die Bischöfe ihres Reichsteils nach Rom zu einer Synode gesandt, um dadurch die Verbundenheit mit dem Stuhle Petri zu bekunden und nahmen beide die *Dei gratia*-Formel (von Gottes Gnaden) in ihren Titel auf, durch welche sie ihr Königtum in christlichem Geiste überhöhten, ihm geradezu überirdische Legitimation verliehen – diese „Demutsformel“ sollte in ganz Europa üblich werden.

Im folgenden Jahr nahm Königin Bertrada die fränkische Italien- und Papstpolitik in die Hand und brannte ein schwer durchschaubares diplomatisches Feuerwerk ab, das in der Karolingerzeit seinesgleichen nicht findet und die Politik ihres verstorbenen Gemahls gegenüber dem Oberhaupt der westlichen Christenheit grundlegend infrage stellte. Im Mai 770 traf sie mit Karlmann im elsässischen Selz zusammen und zog nach einem Besuch bei ihrem Neffen, Herzog Tassilo III. von Bayern, der mit Liutbirg, der Tochter des Langobardenkönigs Desiderius veheiratet war, nach Italien. Dort traf sie zunächst in Pavia König Desiderius, reiste dann nach Rom zu Papst Stephan III., dem die Annäherung seiner Schutzmacht an den Erzfeind ruhelose Tage und schlaflose Nächte bescherte. Es muss an der Kurie das Gerücht die Runde gemacht haben, dass eine Tochter des Langobardenkönigs einen der fränkischen Könige heiraten solle, obwohl die ja beide schon verheiratet und Väter waren. Mit dieser Ehe wäre natürlich ein politisches Bündnis einhergegangen, das den päpstlichen Interessen ganz und gar zuwidergelaufen wäre. Stephan III. forderte die beiden Frankenkönige dringend auf, keine Verbindung einzugehen „mit dem treulosen und stinkenden Volk der Langobarden, das in der Zahl der Völker ganz und gar nicht zählt und aus dessen Sippschaft sicherlich das Geschlecht der Aussätzigen hervorgeht“.[2]

Außerdem betonte er, beide seien bereits mit fränkischen Frauen verheiratet und ihr Vater habe diese Ehen selbst vereinbart. Karlmann reagierte sofort auf das Schreiben, schickte eine Gesandtschaft nach Rom und bot dem Papst die Taufpatenschaft für seinen soeben geborenen Sohn an, die der gern übernehmen wollte. An Karlmanns Gattin Gerberga übermittelte er eigens wohlwollende Grüße. Königin Bertrada hatte allerdings dem päpstlichen Zorn bereits den Wind aus den Segeln genommen, indem sie Desiderius in Pavia erhebliche Zugeständnisse gegenüber den päpstlichen Interessen abgerungen hatte. Es kam tatsächlich zu einem Friedensschluss zwischen Papst und Langobardenkönig.

Am 4. Dezember 771 verstarb der 20-jährige Karlmann. Sein Bruder eilte sofort in die Gegend von Laon und nahm bei Corbeny die Huldigung der Großen des Reiches seines Bruders entgegen, obwohl dieser ja zwei erbberechtigte Söhne hinterlassen hatte. Deren Mutter, Königin Gerberga, floh nach der Bestattung ihres Gatten in Reims mit ihren Söhnen – erstaunlicherweise zu König Desiderius. Wollte sie ihn zum Sachwalter des Rechts ihrer Söhne machen, das sie gegen Karl nie und nimmer mehr hätte durchsetzen können? War Desiderius vielleicht sogar Gerbergas Vater? Das ist zwar unwahrscheinlich, aber nicht undenkbar, denn Desiderius hatte anscheinend eine Tochter dieses Namens,[3] und Witwen kehrten oftmals unter die Munt (Vertretungs- und Schutzverhältnis des Hausherrn zu seiner Familie) des Vaters zurück. Der Papst verweigerte zudem ganz plötzlich die Taufe des Sohnes von Karlmann und Gerberga, die er zuvor ja hatte übernehmen wollen. Möglicherweise war der Papst anfangs falsch über die Identität von Karlmanns Frau informiert.

Diese Konstellation würde Bertradas Engagement für eine Einigung des Papstes mit Desiderius wesentlich sinnvoller erklären als der Versuch, Karls Position gegen seinen Bruder zu stärken. Nicht undenkbar wäre es, dass bereits 757 ein Verlöbnis zwischen Karlmann und Gerberga geschlossen wurde, als Pippin gemeinsam mit Papst Stephan II., dem Vorvorgänger Stephans III., den Desiderius zum König der Langobarden machten. Desiderius musste damals vertraglich zusichern, die Gebiete, auf die der Papst Ansprüche erhob, in Frieden zu lassen. Derartige Bündnisse gingen häufig mit Verlöbnissen unmündiger Kinder einher, man denke nur an das von Karls des Großen Tochter Rotrud mit dem noch unmündigen Kaiser Konstantin.

Eines hat diese Spekulation mit der über die prinzipielle Feindschaft der Brüder gemeinsam: Für ihre Richtigkeit spricht keine einzige Quelle, dagegen die Erzählungen Einhards einerseits über die Einigkeit der Brüder, andererseits über die Heirat zwischen Karl und der Tochter des Desiderius. Einhard könnte aber einem haltlosen Gerücht aufgesessen sein, das sich mit der Zeit derart aufgebläht hat, dass der St. Gallener Mönch Notker der Stammler in seiner nach 883 abgefassten Lebensbeschreibung Karls des Großen Folgendes zu berichten wusste:

> In einem unblutigen Krieg und durch freiwillige Unterwerfung demütigte er die Langobarden und brachte sie unter seine Herrschaft, auch nahm er sicherheitshalber, damit sie sich niemals vom Frankenreich trennten und irgendwie das Gebiet des heiligen Petrus verletzten, die Tochter des Langobardenfürsten Desiderius zur Gemahlin. Kurz darauf verstieß er sie, weil sie bettlägerig und zur Fortpflanzung seines Stammes unbrauchbar war, nach dem Urteil der ehrwürdigsten Priester, wie wenn sie gestorben wäre.[4]

Desiderius war keinesfalls an einem geeinten Frankenreich unter Karls Herrschaft interessiert und verfügte als Schwieger-

Fränkisches Erbrecht

Im Frühmittelalter bestand die ursprüngliche Vermögensgemeinschaft des Hauses nicht mehr, in der weder Vater noch Söhne Besitz veräußern oder vererben konnten. Das Vermögen des Vaters wurde bereits in merowingischer Zeit unter alle Söhne geteilt, Töchter traten hinter dem Erbanspruch ihrer Brüder zurück. Karl scherte sich nicht um das Recht seiner Neffen, die auch im Kindesalter Anspruch auf den Reichsteil des Vaters gehabt hätten.

vater Herzog Tassilos von Bayern und Herr über Italien mit Einfluss auf den Papst über entsprechende militärische und diplomatische Druckmittel gegenüber dem Frankenkönig. Er forderte den Anfang Februar 772 gewählten Papst Hadrian auf, die zuletzt langobardenfreundliche Politik seines Vorgängers fortzusetzen und die Söhne Karlmanns zu Königen über das Reich ihres Vaters zu salben. Diese Konstellation stellte eine große Gefahr für Karls Herrschaft dar, denn einige einflussreiche Herren hatten Gerberga begleitet und konnten sich mit der Unterstützung des Langobardenkönigs und des Papstes im Rücken zu einer mächtigen Opposition zumindest in Karlmanns Reichsteil formieren.

Eine Allianz mit dem Papst gegen die Langobarden wie in Zeiten Pippins wäre auf lange Sicht undenkbar geworden, hätte Hadrian dem Drängen des Desiderius nachgegeben. Doch der schickte 773 eine Gesandtschaft mit einem Hilferuf an Karl, der seinerseits inzwischen eine neue Gemahlin, Hildegard, aus einer mächtigen Familie gefunden hatte, die mütterlicherseits aus dem alten alemannischen Herzogshaus stammte und eine Cousine Herzog Tassilos III. von Bayern war, des Schwiegersohnes von König Desiderius.

König aller Franken

Den komplizierten Problemen in Italien wandte sich der Beherrscher des Gesamtreiches vorerst nicht zu. 772 unternahm er einen Feldzug gegen die heidnischen Sachsen und zerstörte dabei deren zentrales Heiligtum, die Irminsul. Es war der Auftakt zu Karls längstem und blutigstem Krieg, in welchem er zu Mitteln wie Massendeportationen, Hinrichtungen und Zwangstaufen griff, um diesen in sich stark zersplitterten Stamm endlich in das Frankenreich einzugliedern – letzte sächsische „Freiheitskämpfer" wurden erst 804 niedergeworfen. Erklärlich wird diese erste „Strafexpedition", bedenkt man, dass Siege das Prestige des Heerführers mehrten und die an der Irminsul erbeuteten wertvollen Opfergaben in den Königsschatz flossen, aus dem Karl seine Gefolgsleute reichlich beschenkte und vor allem Anhänger im Reichsteil seines Bruders gewann. Großzügigkeit im Schenken war Zeichen von Reichtum und Macht, ein Geschenk verpflichtete den Beschenkten zu einer Gegengabe oder einem Dienst. Das Lehnswesen basierte letztlich auf diesem verpflichtenden Geben und Nehmen. Die römischen (deutschen) Könige sollten später vor allem Kirchen derart freigiebig beschenken, dass ihnen im Spätmittelalter kaum noch Reichsgut zur Verfügung stand.

Der Italienfeldzug

Karl hatte allen Grund, Gefolgsleute an sich zu binden, um einerseits seine Herrschaft im Reichsteil seines Bruders zu festigen und andererseits die geradezu unausweichliche militärische Auseinandersetzung mit König Desiderius vorzubereiten. Schon im Spätsommer 773 zog das fränkische Heer von Genf aus in zwei Abteilungen nach Italien. Die erste führte Karl selbst

Der Stamm der Sachsen

Über den Stammesverband der Sachsen herrschte kein König, sondern mehrere Heerführer, denen ihre Völkerschaft gleich einem König kultische Verehrung entgegenbrachte. Das einigende Band war eine jährliche Versammlung in Marklo an der Weser, die von den „Häuptlingen" und ihren Gefolgsleuten besucht wurde. Im Kriegsfall wurde die militärische Leitung einem einzigen „Feldherrn" übertragen, doch lässt sich ein solcher in den Kriegen mit Karl dem Großen nicht ausmachen.

über den Mont Cenis, während die zweite unter Leitung seines Onkels Bernhard den Weg über den Großen St. Bernhard nahm. Desiderius stellte sich ihnen bei den Klausen von Susa entgegen, floh aber, von beiden Heeresteilen in die Zange genommen, hinter die festen Mauern der alten Königsstadt Pavia, die von der Hauptmacht des fränkischen Heeres seit September belagert wurde. Karl seinerseits wandte sich gegen Verona, die am besten befestigte Stadt der Langobarden, weil sich dort der Königssohn Adelchis mit Karlmanns Witwe Gerberga und deren Söhnen verschanzt hatte – die Quellen schweigen über ihr weiteres Schicksal.

Zu Ostern 774 begab sich Karl mit einem Teil des Belagerungsheeres nach Rom und wurde dort vom Papst mit dem protokollarischen Zeremoniell empfangen, das einst dem Exarchen von Ravenna, dem Statthalter des byzantinischen Kaisers, zugestanden hatte. Karl erneuerte die Pippinische Schenkung und das 754 geschlossene Bündnis und kehrte im April ins Belagerungsheer zurück. Desiderius kapitulierte Anfang Juni und wurde zusammen mit seiner Frau in ein fränkisches Kloster verbannt, während Adelchis ins byzantinische Reich entkam. Karl nahm nicht nur den reichen Königsschatz an sich, sondern ließ

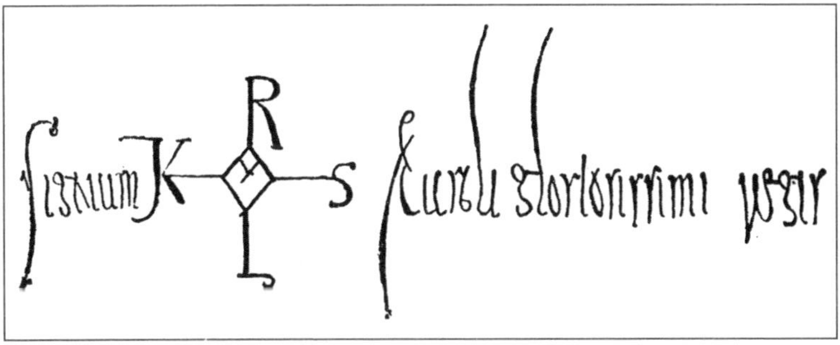

In der Signumzeile der Urkunde vom 31. August 790 (signum Karoli gloriosissimi <regis ist zu ergänzen>, Zeichen Karls, des ruhmreichen Königs) sticht das Monogramm hervor, von dem die Raute, welche die Konsonanten verbindet, vermutlich eigenhändig von Karl gemalt wurde.

sich auch zum König der Langobarden erheben. Spätestens seit dem 5. Juni fügte er seinem Titel den eines Königs der Langobarden hinzu, nannte sich in einer Urkunde für Kloster Bobbio: *Carolus gracia dei rex Francorum et Langobardorum* (Karl, durch göttliche Gnade König der Franken und Langobarden). Anfangs nur hin und wieder, seit 776 jedoch regelmäßig fand auch der Titel eines *patricius Romanorum* Eingang in das Protokoll der Urkunden. Karls Vater hatte diesen Titel nicht geführt, obwohl er ihm vom Papst verliehen worden war; der Sohn brachte damit zum Ausdruck, dass er die mit ihm verbundene Aufgabe des Schutzes und die nach fränkischem Verständnis aus ihr abzuleitende Herrschaftsfunktion ernst nahm. Karl war bereit, die Grenzen seines ererbten Reiches zu sprengen und seiner Herrschaft eine neue Dimension zu verleihen, war bereit, die nach päpstlicher Interpretation vornehmste Aufgabe eines Kaisers, den Schutz der römischen Kirche, zu übernehmen, die sich als universal verstand.

Von vornherein betrieb Karl eine Politik der Zusammenführung beider Reiche: Langobardische Adelige wurden ins Frankenreich ins Exil geschickt, und nordalpine Adelige

Die Intitulatio

Das Formular mittelalterlicher Urkunden ist unterteilt in das einleitende Protokoll, den Kontext (= das Rechtsgeschäft) und das abschließende Eschatokoll mit Angabe von Ort und Datum der Ausstellung sowie der Nennung der Unterzeichner (bei Herrscherurkunden Erzkanzler, Kanzler und des Namens des Herrschers in Form eines Monogramms). Ein wichtiger, das Selbstverständnis offenbarender Bestandteil des Protokolls ist die Intitulatio, die Nennung des Ausstellers der Urkunde mit all den Titeln, auf die dieser Wert legt.

übernahmen Herrschaftsfunktionen in Italien, vor allem Grafschaften und Bistümer. Karls italienisches Herrschaftsgebiet umfasste Ober- und Mittelitalien bis zu den selbstständig bleibenden langobardischen Herzogtümern Capua und Benevent – Süditalien und Sizilien blieben unter byzantinischer Herrschaft, das faktisch selbstständige Venedig pochte auf seine „staatsrechtliche" Zugehörigkeit zu Byzanz, um von Karls Herrschaftsansprüchen verschont zu bleiben.

Die Eingliederung der Sachsen ins Frankenreich

In der Zeit des Italienzuges waren die Sachsen raubend und plündernd ins Frankenreich eingefallen und hatten bei dieser Gelegenheit mehrere Kirchen zerstört, weshalb Karl im Frühjahr 775 einen Rachefeldzug unternahm. Volksgruppen des Stammes unterwarfen sich, stellten Geiseln, andere kämpften weiter. Die Zersplitterung des Stammes machte die Eroberung des gesamten Gebietes so schwierig. Zwar eilte Karl von Erfolg zu Erfolg, doch fern von seinem Heer fielen Sachsen wiederum in fränkisches Gebiet ein. Der Frankenkönig führte diesen Krieg mit derartiger Brutalität, dass ihm spätere Historiker den Beinamen „Sachsenschlächter“ gaben.

776 unterwarf Karl in einem Blitzfeldzug aufständische Langobarden im Friaul (Oberitalien), kehrte aber noch im gleichen Jahr zu einer Strafexpedition gegen die Sachsen zurück. Diese siegreiche „Omnipräsenz“ zeigte Wirkung: Aus allen Gegenden kamen Sachsen an die Quelle der Lippe, versprachen eidlich, Christen zu werden und die Herrschaft der Franken und ihres Königs anzuerkennen. Als Pfand für ihre Unterwerfung und Treue mussten sie ihr Vaterland einsetzen. Die Quellen berichten über die Errichtung eines festen Stützpunktes, dem Karl den Namen Karlsburg gegeben hat.

Karls Ruhm als Herrscher und Heerführer mag den muslimischen Statthalter von Zaragossa dazu veranlasst haben, diesen zur Unterstützung gegen den Emir von Cordoba aufzufordern. Als Karl 777 mit seinem Heer vor Zaragossa stand, gab es diesen Statthalter nicht mehr. Aus welchem Grund er auf dem Rückzug die Mauern der Stadt Pamplona schleifen ließ, entzieht sich unserer Kenntnis. Fest steht jedoch, dass die darüber verärgerten christlichen Basken die Nachhut seines Heeres angriffen und aufrieben. Erzählenswert macht dieses Gefecht das im 12. Jahrhundert niedergeschriebene Rolandslied, in welchem der Heldentod des Befehlshabers der bretonischen Mark, Hruodland, besungen wurde. Ob Karl über dieses Eingreifen hinaus langfristige Eroberungspläne hegte, wissen wir nicht. Vielleicht hatte ihn nur die Aussicht auf Beute zu diesem Abenteuer verlockt.

Der Frankenkönig hatte seine Kräfte überschätzt: Seine Abwesenheit ermutigte die Sachsen unter Führung von Widukind zu Vorstößen in den fränkischen Raum bis nach Deutz am Rhein. Bei dieser Gelegenheit zerstörten sie die Karlsburg. An deren Gründung knüpfte zuletzt Matthias Becher folgenden Gedanken:

> Bemerkenswert ist auf jeden Fall, dass dieser Ort seinen Namen nach dem Vorbild „Konstantinopel“ (wörtlich: Stadt Konstantins) erhalten hat, dass Karl sich also in der Tradition des ersten christlichen Kaisers sah.

Demnach scheint Karl also schon 776 mit dem Gedanken gespielt zu haben, in Konstantins Tradition einzutreten. Unmöglich ist das nicht, doch zeigt ein Blick auf das Register eines Atlasses, dass es nicht nur in Deutschland viele Ortsnamen gibt, die einen Personennamen enthalten. Hat sich zum Beispiel auch der Gründer von Dietersdorf in Franken in Konstantins Tradition gestellt? In die Karls des Großen gewiss nicht, denn der hat seine Karlsburg, das Symbol seines Triumphes über die Sachsen, selbst nach deren Eingliederung ins Reich (804 abgeschlossen) derart vernachlässigt, dass man nicht einmal mehr sicher weiß, wo diese Gründung überhaupt gelegen hat – Konstantinopel war ein ganz anderes Schicksal beschieden.

Aussehen und Charakter: Eine „Rekonstruktion" mit Unbekannten

Es ist kaum befriedigend möglich, den Charakter eines Menschen zu rekonstruieren, der vor etwa 1200 Jahren (814) verstorben ist. Die vorhandenen Quellen sind einerseits spärlich, andererseits parteiisch. Die ausführlichste Schilderung über Aussehen und Charakter verdanken wir Einhard, einem engen Vertrauten des Herrschers, der nach dem Vorbild antiker Lebensbeschreibungen, darunter vor allem den Kaiserviten Suetons, ein sehr lebendiges und persönliches Bild des Monarchen gezeichnet hat, in das er amüsante und menschliche Schwächen enthüllende Details einfließen ließ.[1]

Ebenso aufschlussreich ist natürlich Karls alle Lebensbereiche erfassende und in seinen zahlreichen Gesetzen sich widerspiegelnde Politik, sei es nun die Bildungspolitik, welche für fränkische Verhältnisse ungewöhnliche Neuerungen brachte, oder sein Eingreifen in theologische Streitigkeiten, die Neuorganisation des Heeres oder sogar eine Art von Sozialpolitik, mit welcher er die Bedrückung der Armen durch die Mächtigen zu lindern versuchte. Aus gar manchen Urkunden oder Gesetzestexten lassen sich die Anschauungen dieses „konservativen Reformpolitikers" ablesen.

Das Aussehen

Von Karl dem Großen gibt es zahlreiche Darstellungen, sogar zeitgenössische. Alle haben eines gemeinsam: Sie stellen nicht den Kaiser dar, wie er wirklich ausgesehen hat, sondern entsprechen den Idealvorstellungen der Künstler der jeweiligen Epoche. Allerdings hat uns Einhard eine sehr lebensnahe Schilderung des alternden Kaisers hinterlassen, die durch Untersuchungen des Skeletts zumindest im Hinblick auf die Größe von etwa 180 cm bestätigt wird:

> Er war von breitem und kräftigem Körperbau, hervorragender Größe, die jedoch das richtige Maß nicht überschritt – denn seine Länge betrug, wie man weiß, sieben seiner Füße –, das Oberteil seines Kopfes war rund, seine Augen sehr groß und lebhaft, die Nase ging etwas über das Mittelmaß, er hatte schönes graues Haar und ein freundliches, heiteres Gesicht. So bot seine Gestalt im Stehen wie im Sitzen eine höchst würdige und stattliche Erscheinung, wiewohl sein Nacken feist und zu kurz, sein Bauch etwas hervorzutreten schien: das Ebenmaß der andern Glieder verdeckte das. Er hatte einen festen Gang, eine durchaus männliche Haltung des Körpers und eine helle Stimme, die jedoch zu der ganzen Gestalt nicht recht passen wollte; seine Gesundheit war gut, außer dass er in den vier Jahren vor seinem Tode häufig von Fiebern ergriffen wurde und zuletzt mit einem Fuße hinkte. […] Die Kleidung, die er trug, war die seiner Väter d. h. die fränkische. Auf dem Leib trug er ein leinenes Hemd und leinene Unterhosen; darüber ein Wams, das mit einem seidenen Streifen verbrämt war, und Hosen; sodann bedeckte er die Beine mit Binden und die Füße mit Schuhen, und schützte mit einem aus Fischotter- oder

Die Bronzestatuette aus dem Schatz der Kathedrale von Metz aus dem 9. Jahrhundert zeigt in idealisierter Form Karl den Großen zu Pferde. Paris, Musée du Louvre.

Zobelpelz verfertigten Rock im Winter Schultern und Brust; dazu trug er einen blauen Mantel und stets ein Schwert, dessen Griff und Gehenk von Gold oder Silber war. Bisweilen trug er auch ein mit Edelsteinen verziertes Schwert, dies jedoch nur bei besonderen Festlichkeiten oder wenn Gesandte fremder Völker vor ihm erschienen. Ausländische Kleidung jedoch wies er zurück, mochte sie auch noch so schön sein, und ließ sie sich niemals anlegen, nur zu Rom kleidete er sich einmal nach dem Wunsch des Papstes Hadrian und ein zweites Mal auf die Bitte seines Nachfolgers Leo in die lange Tunika und Chlamys und zog auch Schuhe nach römischer Art an. Bei festlichen Gelegenheiten schritt er in einem mit Gold durchwirkten Kleide und mit Edelsteinen besetzten Schuhen einher, den Mantel durch eine goldene Spange zusammengehalten, auf dem Haupte ein aus Gold und Edelsteinen verfertigtes Diadem, an anderen Tagen unterschied sich seine Kleidung wenig von der üblichen Tracht des Volkes.[2]

Karl und die Frauen

Schwieriger ist schon eine Schilderung seines Charakters, da unser Urteil vom Zeitgeist geprägt ist, der den Gegebenheiten einer fast noch archaischen Gesellschaft in keiner Weise gerecht wird. Dass Karl vielleicht seine erste Ehefrau verließ, um die Tochter des Langobardenkönigs zu heiraten, die er schon nach einem Jahr wieder wegschickte, als sich die politische Situation gewandelt hatte, könnte einen zu dem Urteil verleiten: „So ein treuloser Haderlump!“

Allerdings hatte die Ehe damals eine ganz andere Bedeutung als heute. Eheliche Treue war bei gesunden Männern höheren Ranges eher eine Seltenheit.

Wie viele andere, die es sich leisten konnten, darunter auch Bischöfe und Päpste, gab Karl seinen sexuellen Bedürfnissen gern nach. Von mindestens sechs Frauen sind 18 Kinder als seine Abkömmlinge belegt, wobei von nicht allen der Name der Mutter bekannt ist. Die tatsächliche Zahl seiner Kinder könnte höher sein, denn Karls Sexualleben wurde schon in der Regierungszeit seines wesentlich weniger sinnenfrohen Sohnes zum Stein des Anstoßes und zur Belehrung für Lüstlinge verwandt. In einer Vision wurde der Reichenauer Mönch Wetti kurz vor seinem Tod von einem Engel des Herrn unter anderem ins Fegefeuer geführt, wo dieser ihm Karl den Großen zeigte, dem ein Tier sein Geschlechtsteil zerfleischte. Der Engel erklärte, dass dieser König, so viel Gutes er auch getan haben mag, all seine guten Taten mit Wollust besudelt habe. Er habe all seine schändlichen Lüste ausgelebt und geglaubt, mithilfe der guten Taten über dieses ungebührliche Verhalten hinwegtäuschen zu können. Das selige Leben werde er nach Gottes Befehl erst erlangen, wenn all die Wollust aus seinem Körper gewichen sei. Dies sah Wetti als Mahnung für all jene, die versuchten, mithilfe von „Ersatzhandlungen“ über ihre dunkle Seite hinwegzutäuschen.

Als geradezu modern denkender Vater erscheint Karl im Hinblick auf seine Töchter: Sie durften zwar nicht heiraten, pflegten aber die freie Liebe. Rotrud hatte vom Grafen Rorico den Sohn Ludwig und Berta vom Hofkapellan Angilbert, zugleich Abt von S. Riquier, die Söhne Nithard und Hartnid. Einhard sah sich jedenfalls veranlasst, einen seiner Schüler in einem Brief vor den „gekrönten Tauben“ zu warnen, die durch die Palasträume flatterten. Karls Cousine wurde gar gerühmt, weil es ihr gelungen war, am Hofe tugendsam zu bleiben.

Einhard begründete das Heiratsverbot damit, dass Karl seine Töchter so innig geliebt habe, doch hat es eher den Anschein, dass er es vermeiden wollte, einen fränkischen Großen dadurch aufzuwerten, dass er ihn zu seinem Schwiegersohn machte. Angeheiratete Verwandtschaft konnte problematisch werden. Rotrud zumindest hatte er mit dem Sohn der Kaiserin Irene, Konstantin VI., verlobt. Zur Vorbereitung der allenfalls acht Jahre alten Prinzessin auf ihre künftige Stellung in Konstantinopel blieb aus der kaiserlichen Gesandtschaft der Eunuch Elisäus in Karls Gefolge. Einige Jahre später wurde die Verlobung aus nicht ersichtlichen Gründen gelöst.

Ganz in traditioneller Manier waren Frauen für Karl nicht nur als Objekte der Begierde interessant, sondern vor allem in politischer Hinsicht. Über Karls erste Gemahlin, Himiltrud, wissen wir nichts, doch die Verheiratung mit Hildegard, Tochter des Grafen Gerold, und Fastrada, Tochter des Grafen Radulf, dürfte politische Hintergründe gehabt haben. Er heiratete Töchter aus Adelshäusern mit weitreichenden verwandtschaftlichen Verbindungen, auf die es in einem Herrschaftsgebilde ankam, dessen Basis in persönlichen Treueverbindungen bestand und das sich aus Personenverbänden zusammensetzte, die durch Verwandtschaft oder Treueide verbunden waren.

Eherecht

Mit der Trauung ging die Braut aus Schutzherrschaft und Eigentum des Vaters in die des Ehemannes über. Erst das Eindringen christlicher Ehevorstellungen brachte die Neuerung, dass die Braut in die Ehe einwilligen und nicht mehr wie eine willenlose Ware verschachert werden sollte. Noch in der Merowingerzeit lebten nicht nur Könige und weltliche Adlige, sondern auch Priester und Bischöfe häufig polygam. Ehebrecherische Frauen jedoch durften von ihrem Mann verstoßen und sogar getötet werden.

Der gewaltbereite Herrscher

Zügellos war Karl anscheinend auch im Krieg. Die Reichsannalen berichten zum Jahr 782, dass er im Anschluss an die Niederlage fränkischer Truppen am Süntel an einem Tag 4500 sächsische Aufrührer enthaupten ließ, welche die Sachsen ihm ausgeliefert hatten. Die Zahl mag übertrieben sein, nicht aber das Faktum, dass Karl durch das Gemetzel ein abschreckendes Exempel statuiert hat. Im englischen Northumbrien erzählte ein Zeitgenosse, Karl habe mit Feuer und Schwert derart gewütet, dass man an seinem Geisteszustand zweifeln müsse. Die von Christus gebotene Liebe gegenüber dem Feind war dem Verbreiter des Christentums fremd. Wenn man jedoch bedenkt, dass die Kreuzfahrer nach der Eroberung Jerusalems am 15. Juli 1099 ein derartiges Gemetzel im Namen Christi nicht nur unter Kriegern, sondern auch unter Frauen und Kindern angerichtet haben, dass sie nach dem Bericht eines Augenzeugen „bis zu den Knöcheln im Blut wateten“, dann erscheint die Todesstrafe für die Rädelsführer eines Aufstandes, bei dem zahlreiche Franken ihr Leben gelassen hatten, nicht übertrieben. Karl war ein Kind seiner Zeit, machte kurzen Prozess mit seinen Feinden, wenn sie sich nicht seinem Willen unterwarfen, wie der aufständische sächsische Heerführer Widukind, der sich taufen ließ und Treue schwor.

Ähnliche Strenge, aber auch Milde übte Karl gegenüber seinem von ihm ursprünglich als nachfolgeberechtigt angesehenen Sohn Pippin dem Buckligen, der sich, nachdem er sich vom Erbe ausgeschlossen sah, gegen den Vater verschwor. Gegen ihn und die anderen Aufrührer verhängte Karl zusammen mit Großen des Reiches im Rahmen einer Gerichtssitzung die Todesstrafe, die er zumindest für seinen Sohn aus herrscherlicher Milde in Klosterhaft umwandelte. Ähnlich verfuhr er öfter, zum Beispiel, als er Herzog Tassilo III. von Bayern aus rechtlich zweifelhaften Gründen entmachtete. Auch in diesem Fall wandelte er eine über einen Verwandten verhängte Todesstrafe in „Klostertod" um und zog das Herzogtum ein. Richterliche Strenge und herrscherliche Milde, zwei wichtige Herrschertugenden, vereinen sich in seiner Person – allein die Hintergründe für die Notwendigkeit richterlicher Strenge scheinen bisweilen fragwürdig. Karl übte die Gerechtigkeit des Mächtigeren.

Der mildtätige und genügsame Christ

Einhards Lebensbeschreibung ist äußerst subjektiv geprägt und zweckorientiert, da Einhard Kaiser Karl in vieler Hinsicht als Frieden und Gerechtigkeit liebendes Vorbild für dessen Nachkommen dargestellt hat. Er ließ den Streit zwischen Karl und seinem Bruder in einem günstigen Licht erscheinen und betonte deren Eintracht, die nicht einmal durch die Bemühungen schlechter Ratgeber Karlmanns gestört werden konnte. Die Flucht von Karlmanns Frau mit ihren Söhnen und den vornehmsten Anhängern zu Desiderius ist ihm Beweis dafür, dass Karlmanns Berater versucht hatten, Zwiespalt zu säen, nicht Anzeichen dafür, dass Gerberga Angst vor ihrem Schwager hatte.

Einhard verlieh Karl die Eigenschaften eines idealen christlichen Helfers, der einerseits das Christentum und die Kirchen wo auch immer förderte, der sogar notleidende Christen im muslimischen Afrika finanziell unterstützte und zur Verbesserung ihrer Situation Kontakt zu den dortigen Herrschern aufnahm. Reich mit Gold und Edelsteinen beschenkte er die Kirche Roms, vergaß aber auch die Armen nicht, denen er freiwillig reichlich Almosen spendete. Allerdings scheute sich Einhard nicht, auch kleine menschliche Schwächen des Herrschers zu erwähnen, z. B. dass er den Rat der Ärzte verschmähte, die ihm verhasst waren, weil sie ihm rieten, anstelle von Braten gesottenes Fleisch zu essen. Völlerei gehörte anscheinend dennoch nicht zu seinen Lastern:

> In Speise und Trank war er mäßig, mäßiger jedoch noch im Trank, denn Trunkenheit verabscheute er an jedem Menschen aufs äußerste, erst recht an sich und den Seinigen. Im Essen jedoch konnte er nicht so enthaltsam sein, vielmehr klagte er häufig, das Fasten schade seinem Körper. Höchst selten gab er Gastereien und nur bei besonderen festlichen Gelegenheiten, dann jedoch in zahlreicher Gesellschaft. Beim gewöhnlichen Essen wurden nur vier Gerichte aufgetragen außer dem Braten, den ihm die Jäger am Bratspieß zu bringen pflegten und der ihm lieber war als jede andere Speise.[3]

Karls Familiensinn

Besonders lobend hebt Einhard den ausgeprägten Familiensinn des Herrschers hervor, was einigermaßen verwundert, bedenkt man, dass er seinen ältesten Sohn, Pippin den Buckligen, wegen seines körperlichen Defekts von der Nachfolge ausgeschlossen hat und ihn dann nach seinem Aufstand zum Mönch scheren ließ. Doch lassen wir Einhards Erzählung über Vaterliebe und Emotionalität des Kaisers sprechen:

> Die Erziehung seiner Kinder richtete er so ein, dass Söhne wie Töchter zuerst in den Wissenschaften unterrichtet wurden, auf deren Erlernung auch er selbst seinen Fleiß verwandte. Dann mussten die Söhne, sobald es nur das Alter erlaubte, nach der Sitte der Franken reiten, sich in den Waffen und auf der Jagd üben, die Töchter aber sich mit Wollenarbeit abgeben und mit Spinnrocken und Spindel

beschäftigen, damit sie sich nicht an Müßiggang gewöhnten, und er ließ sie anleiten zu jeder guten Zucht. Von allen diesen Kindern verlor er nur zwei Söhne und eine Tochter, bevor er starb, Karl seinen Ältesten und Pippin, den er zum König von Italien gemacht hatte, und die Rotrud, seine erstgeborene Tochter, die mit dem griechischen Kaiser Konstantin verlobt war. Von diesen hinterließ Pippin einen einzigen Sohn, Bernhard, und fünf Töchter, Adalhaid, Atula, Gundrada, Berthaid und Theoderada. An diesen bewies der König recht deutlich seinen liebevollen Sinn, indem er nach des Sohnes Tod den Enkel zum Nachfolger seines Sohnes machte und die Enkelinnen mit seinen eigenen Töchtern aufziehen ließ. Den Tod seiner Söhne und der Tochter trug er mit weniger Fassung als der hohe Sinn, der ihm eigen war, erwarten ließ: die herzliche Liebe, die ihn nicht minder auszeichnete, rührte ihn zu Tränen. Auch bei der Nachricht von des römischen Papstes Hadrians Tod, der hoch in seiner Freundschaft stand, weinte er so, als hätte er einen Bruder oder den teuersten Sohn verloren. Denn er war für Freundschaft äußerst empfänglich, indem er sich ihr leicht hingab, ohne Wanken an ihr festhielt und heilige Treue gegen jeden bewies, zu dem er in solch ein Verhältnis getreten war. Um die Erziehung seiner Söhne und Töchter war er so besorgt, dass er zu Hause niemals ohne sie speiste, nie ohne sie eine Reise machte: seine Söhne ritten ihm zur Seite, seine Töchter aber folgten hinten im Zuge und eine Schar von Leibwächtern war zu ihrer Bedeckung bestellt. Da sie so ungemein schön waren und von ihm aufs zärtlichste geliebt wurden, so ist es zu verwundern, dass er keine von ihnen einem seiner Mannen oder einem Fremden zum Weibe geben wollte; aber er sagte, er könne ohne ihre Gesellschaft nicht leben und behielt alle bis zu seinem Tode bei sich im Hause.[4]

Der bildungshungrige Kulturpolitiker

Wen würde es wundern, dass Einhard, der zu den anerkannten Geistesgrößen seiner Zeit gehörte, Karls Bemühungen um den Ausbau der eigenen Bildung und die Förderung jeglicher Kultur im Reich zu einem zentralen Thema erhob. Bei seinen Mahlzeiten lauschte Karl entweder einem Musikanten oder ließ sich aus Geschichtswerken oder den Büchern des heiligen Augustinus vorlesen, von denen er besonders das vom Gottesstaat schätzte. Karl verband Tradition mit aktuellem Herrschaftswissen, denn wiewohl Augustinus schon im Jahr 430 verstorben war, gehörte doch das Buch des Kirchenvaters über den Gottesstaat noch immer zu den Standardwerken der Staatskunst. Doch nicht allein mit Zuhören begnügte sich der Herrscher:

> Reich und überströmend floss ihm die Rede vom Munde, und was er wollte, konnte er leicht und klar ausdrücken. Es genügte ihm jedoch nicht an seiner Muttersprache, sondern er widmete sich auch der Erlernung fremder Sprachen: darunter brachte er es im Lateinischen so weit, dass er es wie seine Muttersprache redete, das Griechische aber konnte er besser verstehen, als selber sprechen. Er war so beredt, dass er sogar geschwätzig erscheinen konnte. Die edlen Wissenschaften pflegte er mit großer Liebe, die Meister in denselben schätzte er ungemein und erwies ihnen hohe Ehren. In der Grammatik nahm er Unterricht bei dem greisen Diakon Petrus von Pisa, in den übrigen Wissenschaften ließ er sich von Albinus, mit dem Beinamen Alkuin, ebenfalls einem Diakon, unterweisen, einem in allen Fächern gelehrten Mann, der von sächsischem Geschlechte war und aus Britannien stammte. In dessen Gesellschaft wandte er viel Zeit und Mühe auf, um sich in der Rhetorik, Dialektik, vorzüglich

> aber in der Astronomie zu unterrichten. Er erlernte die Kunst zu rechnen und erforschte mit emsigem Fleiß und großer Wissbegierde den Lauf der Gestirne. Auch zu schreiben versuchte er und pflegte deswegen Tafel und Büchlein im Bett unter dem Kopfkissen bei sich zu führen, um in müßigen Stunden seine Hand an das Nachmachen von Buchstaben zu gewöhnen. Doch hatte er mit seinem verkehrten und zu spät angefangenen Bemühen wenig Erfolg.[5]

Man darf sich Karls Bildungshunger nicht derart vorstellen, dass er sich regelmäßig von den Gelehrten seines Hofes unterrichten ließ. Dazu war er zu oft unterwegs, und die „Hofgelehrten", die geistige Elite, wirkten hauptsächlich in den ihnen von Karl anvertrauten Klöstern oder Bischofskirchen, wo sie die Bildung vor allem in Klosterschulen entsprechend förderten. Allein schon die Zahl der erhaltenen Briefe Alkuins, des Leiters der Hofschule und Abts von St. Martin von Tours, an den Herrscher zeigen, dass sie oft, vielleicht sogar meist, räumlich voneinander getrennt waren. Die von diesen Gelehrten geleiteten kirchlichen Institutionen strahlten in das gesamte Reich aus und erfassten vor allem die Klöster, die keineswegs nur Orte waren, in denen fromme Männer und Frauen sich dem Gebet hingaben. Im gesamten Mittelalter und darüber hinaus waren sie führende Bildungsträger von größter wirtschaftlicher und politischer Bedeutung.

Karl setzte sein eigenes Interesse an Bildung in eine Kulturpolitik um, die ihresgleichen im Mittelalter nicht findet:

> Auf die Verbesserung des Lesens und Singens in der Kirche verwandte er große Sorgfalt. Denn von beiden Dingen verstand er ziemlich viel, wenn er auch selbst nicht öffentlich las und nur leise und im Chor sang. [...] Nach Annahme des

> Kaisertitels, als er sah, wie viele Mängel den Gesetzen seines Volkes anhafteten, [...] nahm er sich vor, Fehlendes zu ergänzen, Abweichendes in Übereinstimmung zu bringen und Verkehrtes und Unbrauchbares zu verbessern. [...] Ebenso ließ er die uralten volkssprachlichen Lieder, in denen die Taten und Kämpfe der alten Könige besungen wurden, aufschreiben und der Nachwelt überliefern. Auch eine Grammatik seiner Muttersprache ließ er in Angriff nehmen. Auch gab er den Monaten, für die bei den Franken bis dahin teils lateinische, teils Namen der barbarischen Sprache im Gebrauch waren, Benennungen aus seiner eigenen Sprache. Ebenso gab er zwölf Winden volkssprachliche Namen, während man vorher nur für kaum vier Winde besondere Benennungen hatte finden können.[6]

Karl war der erste und einzige mittelalterliche Beherrscher eines Reiches, der eine planmäßige Bildungspolitik betrieben hat. Seine Maßnahmen sind uns aus seinen Gesetzen bekannt, mit denen er nach Art der Kaiser die Verwaltung seines riesigen Reiches zu verbessern oder überhaupt zu ermöglichen suchte; sogar die Gesetze der Sachsen, Friesen und Thüringer ließ er aufzeichnen. Inwieweit er damit bewusst dem Beispiel Kaiser Justinians gefolgt ist, der das römische Recht zum Teil sogar selbst zusammengefasst und ergänzt hat, sei dahingestellt. Letztlich war Karl verantwortlich für einen ungeahnten Aufschwung des Schulwesens und eine umfassende Bildungsreform, mit der er und seine Berater das Schulwesen für Jahrhunderte prägten. So starrsinnig er sich dem Rat der Ärzte verschlossen hat, so willig folgte er dem seiner Gelehrten, denn dass er persönlich das umfassende Bildungsprogramm entworfen haben könnte, ist ausgeschlossen. Karl verwirklichte das mittelalterliche Ideal von einem guten Herrscher, denn ein solcher umgab sich mit guten Bera-

Recht und Gesetz

Zwar hatten geschriebene Gesetze noch keinen allzu großen Einfluss auf das Rechtsleben, doch erließ Karl lange vor seiner Kaiserkrönung wesentlich mehr Gesetze als seine Vorgänger. Dabei handelte es sich um in Kapiteln zusammengestellte Anordnungen gesetzgeberischer, administrativer und religiöser Art (Kapitularien), die auf Hoftagen durch die Zustimmung geistlicher und weltlicher Großer Rechtskraft erlangten. Mit der Durchsetzung des Rechts betraute Karl Grafen und Königsboten.

tern, er hatte einen Blick für Notwendigkeiten und verstand es, diejenigen in seinen Bann zu ziehen und wirkungsvoll einzusetzen, die seine Macht und seinen Ruhm mehren konnten. Nicht von ungefähr gilt er als der Vater der sogenannten karolingischen Renaissance „des Aufblühens der Wissenschaften auf der Basis des Studiums antiker Autoren".

Großzügigkeit und Geselligkeit

Karl war nach Einhard ein äußerst geselliger Mensch, der seine Reichtümer großzügig verteilte, wodurch er einerseits Macht und Reichtum demonstrierte, andererseits Huld erwies und eine treue Gefolgschaft um sich versammelte. Seine Großzügigkeit gegenüber den zahlreichen Fremden wurde nicht nur für den Palast, sondern für das ganze Reich zur Last. Karl bekümmerte das keineswegs, denn der Ruhm der Freigebigkeit wog die materiellen Nachteile bei Weitem auf. Geschenke verpflichteten die Beschenkten entweder zu entsprechenden Gegengeschenken, zu Diensten oder doch zumindest zu treuer Anhängerschaft. Großzügigkeit vor allem gegenüber Kirchen und

Beschenkte Heilige

Geschenke an Kirchen wurden dem Altar des Heiligen übertragen, dem das Gotteshaus geweiht war – er war Eigentümer. Dadurch glaubte man, sich den Heiligen verpflichten zu können, der seinerseits seinen Besitz schützte und dessen Räuber schrecklich bestrafte. Karl Martell z. B., der seine weltlichen Anhänger mit Kirchenbesitz versorgt hatte, schmachtete laut einer Jenseitsvision aus diesem Grunde in der Hölle, obwohl er doch mit seinem Gefolge die Christenheit gerettet hatte.

ihren Heiligen haben die Männer der Hofkapelle, die gleichzeitig die Kanzleigeschäfte führten, als Motivation für das Handeln in den Vordergrund gerückt, um den Herrscher im Lichte des Wohltäters gegenüber der Kirche und damit gleichzeitig gegenüber Gott und seinen Heiligen erscheinen zu lassen.

Insgesamt gewinnt man von Karl den Eindruck eines äußerst zielstrebigen Mannes, der seine Lebensführung nach politischen Gegebenheiten und Zweckmäßigkeiten, aber auch nach Lust und Laune ausgerichtet hat. In der Politik zeichnete ihn Weitsicht aus, sodass er, beraten von der geistigen und wissenschaftlichen Elite, großartige Reformen in allen Bereichen auf den Weg brachte, nicht nur im Bildungswesen und Rechtsleben, sondern ebenso im Hinblick auf die Heeresorganisation. Er verordnete 807/808, dass Grundherren ab einer bestimmten Hofgröße nicht nur zum Reiterdienst, sondern auch zum Tragen einer Brünne verpflichtet waren; dieses knielange, aus zahlreichen ringartigen Maschen zusammengesetzten Panzerhemd hob sie deutlich aus der Masse der übrigen Krieger heraus. Mit dieser Heeresreform hat er den Grundstein für das „Berufsrittertum“ im Rahmen des Lehnswesens gelegt.

Karls Selbstdarstellung als Herrscher: Eine „Rekonstruktion" auf reicher Basis

Ein absolutes Muss einer modernen Herrscherbiografie ist, dass der Leser etwas über dessen Selbstverständnis erfährt. Dieser Aspekt ist natürlich in unserem Zusammenhang unverzichtbar, denn nur wenn man darüber etwas weiß, kann man sich an die Beantwortung der oft gestellten Frage heranmachen: Wie hat Karl der Große seine Kaiserkrönung beurteilt? Karls Selbstverständnis als Herrscher oder vorsichtiger ausgedrückt, das Bild, das wir uns davon machen können, ist von den Gelehrten geprägt worden, die er an seinen Hof gezogen hat. Dieses politische Umfeld ist vergleichbar dem eines modernen Staatsmannes, der sich mit kompetenten Beratern und PR-Managern umgibt, die entscheidend an seinem öffentlichen Erscheinungsbild feilen. Der Umstand, dass Karls Beraterstab – soweit er für uns aus den Quellen fassbar ist – vor allem aus Geistlichen bestand, prägte nicht nur seine Politik, sondern ebenso das Bild, das sich die Zeitgenossen von ihm machten. Bedenkt man, dass Karl bis heute nichts an Faszination eingebüßt hat, dass er europaweit in jeder Epoche das Herrscherideal verkörperte, dann liegt das keineswegs allein an seinen realen Erfolgen, sondern ebenso an seiner persönlichen Ausstrahlung, die nicht nur in Einhards Vita anschaulich geschildert wird, sondern aus jeder seiner Urkunden, aus jedem Gesetz spricht, die ja in aller Öffentlichkeit verkündet wurden, ganz zu schweigen von seinen Auftritten vor dem Volke. Nähern wir uns seinem Herrscherbild in kleinen Schritten: Zunächst einmal interessieren in diesem Zusammenhang mögliche Vorbilder. Von Einhard wissen wir ja, dass sich Karl bei den Mahlzeiten gern aus Geschichtswerken vorlesen ließ. Welche Herrscher könnten ihm da Vorbild gewesen sein?

Kaiser und Frankenkönige in der fränkischen Historiografie

Für die Rekonstruktion des Wissens der Franken des 8. Jahrhunderts über die Kaiser und fränkischen Könige stehen uns vor allem die zehn Bücher Geschichte aus der Feder des Bischofs Gregor von Tours (538/539–593/594) zur Verfügung, der einem gallorömischen Senatorengeschlecht entstammte. Sein Werk wurde von dem anonymen Autor der Chronik des sogenannten Fredegar sowie dem Autor des Buches der Geschichte der Franken im 7. und 8. Jahrhundert für die frühe Zeit als Quelle verwandt.

Gregor von Tours sah in Gaius Julius Caesar den Begründer des Kaisertums und fügte diesen in seinem kurzen, am Alten Testament orientierten Abriss der Weltgeschichte nahtlos an die biblischen Herrschergestalten an, reihte ihn ebenso wie Augustus in die christliche Heilsgeschichte ein. Unter dessen Nachfolger Tiberius begannen die grausamen Christenverfolgungen, welche die heidnischen Kaiser, darunter vor allem Nero und Domitian, in einem denkbar negativen Licht erscheinen ließen. Sogar über Konstantin den Großen, „welcher der Kirche Frieden brachte“, berichtete Gregor äußerst kritisch, hatte dieser doch seinen Sohn durch Gift und seine Frau durch ein siedendes Bad töten lassen, weil er sie verdächtigt hatte, an seiner Herrschaft Verrat üben zu wollen. Kein Wort über Konstantins strahlenden Sieg an der Milvischen Brücke unter dem Zeichen des Kreuzes.

Selbst die christlichen Kaiser schilderte Gregor mit wenigen Ausnahmen negativ: Maximus ließ Kaiser Gratian töten, „den er mit List umgarnt hatte", Valentinian ermordete Aetius „ohne jede Ursache", Constantinus „überließ sich den Freuden der Gurgel und des Bauches", Justinus war ein Mann, „der ganz dem Geiz ergeben war, die Armen verachtete, die Senatoren plünderte". Eine absonderliche Sammlung auf dem Kaiserthron, unterbrochen von wenigen gottgefälligen Herrschern, keineswegs spektakulär genug, um Vorbild zu sein.

Ganz ähnlich urteilten die Autoren des 7. und 8. Jahrhunderts und ergänzten die Palette noch um den wankelmütigen, ja verschlagenen Justinian und den ausschweifenden Avitus, der eine Senatorin durch List an sein Krankenbett lockte und dann vergewaltigte. Diese Reihe von Kaisern mutet eher wie eine Liste von Verbrechern an, in die sich die zur Zeit Karls des Großen herrschende Kaiserin Irene nahtlos einfügte, hatte sie doch ihren Sohn, Konstantin VI., an dessen Seite sie regierte, gestürzt und blenden lassen, was der nicht überlebte (797).

Kein Unterschied ist festzustellen zur Darstellung der Frankenkönige. Bestes Beispiel ist Gregors Schilderung von König Chlodwigs I. Hinterlist:

> Als er aber eines Tages seine Leute versammelt hatte, soll er zu ihnen von seinen Blutsverwandten, die er ermordet hatte, so geredet haben: „Weh mir, dass ich nun wie ein Fremdling unter Fremden stehe und keine Verwandten mehr habe, die mir, wenn das Unglück über mich kommen sollte, Hilfe gewähren können!" Aber er sprach dies nicht aus Schmerz um den Tod derselben, sondern aus List, ob sich vielleicht noch einer fände, den er töten könnte.[1]

Die meisten Merowingerkönige kommen in der Geschichtsschreibung sehr schlecht weg, da sich ihr Handeln nicht mit christlichen Vorstellungen in Einklang bringen ließ.

Das Gros der Könige und Kaiser konnte man im Hinblick auf ihren Charakter und ihre Sitten über einen Kamm scheren: mordlustig, selbstsüchtig, machtgierig, Sklaven jeglicher fleischlicher Lüste.

Die alttestamentarische Tradition

Nicht in diese Tradition stellte sich Karl, sondern in die der alttestamentarischen Könige. Er galt den Leuten seiner „Hofakademie“ (und nicht nur diesen) als neuer David. Alkuin, der in seinen Briefen des Königs Missionspolitik in Sachsen heftig kritisierte, redete ihn trotzdem in einem seiner Briefe (Alcuini Epist. 177, S. 293) als „süßester David“ an, als süßeste Zierde der Christenheit, als Schutz der Kirchen Christi und Trost des gegenwärtigen Lebens.

Cathwulf, wie Alkuin Angelsachse, rühmte um 775 in einem Brief an Karl, einem wahren Lobgesang auf ihn, dessen Herrschaft als von Gott gewollt. Der Herr rettete ihn vor den Nachstellungen seines Bruders wie seinerzeit den alttestamentarischen Jakob und gab ihm ohne Blutvergießen das ganze Frankenreich, indem er den Bruder rechtzeitig sterben ließ. Den Sieg über die Langobarden und den friedlichen Einzug in Rom schreibt er dem Wirken Gottes zu und vergleicht es mit biblischem Geschehen, darunter natürlich der gottgewollten, friedlichen Herrschaft Davids. Immer wieder setzt er das von ihm idealisierte Regiment Karls in Bezug zum heilsgeschichtlichen Geschehen und geht dabei so weit, dass er den König zum Stellvertreter Gottes macht, gegenüber dem der Bischof nur an zweiter Stelle steht, da er „nur Stellvertreter Christi“ ist.

Die Einbettung von Karls Herrschaft in die Heilsgeschichte erhob seine Autorität weit über diejenige, die einem Frankenherrscher je zugestanden hatte. Selbst verbrecherische Handlungen konnten seine gottgewollte Würde und Autorität nicht ankratzen – David hatte immerhin den Ehemann der von ihm begehrten Batseba töten lassen. Gar manchem mag in den Sinn kommen, es habe sich bei derartigem Herrschaftsverständnis um eine Art von „heilsgeschichtlich fundiertem Absolutismus" gehandelt, der den König nach Art der römischen Kaiser über das Gesetz stellte, doch diese Konsequenz haben weder Karl noch seine Berater in der Praxis je gezogen.

Dass Karl sich ganz bewusst an führender Stelle in der Kirche Gottes verankert sah, zeigen einerseits seine zahlreichen, die Kirche betreffenden Kapitularien, andererseits sein Eingreifen in den Bilderstreit, durch welches er sich auf Augenhöhe mit dem byzantinischen Kaiser stellte. 781 hatte er mit Kaiserin Irene ein Bündnis geschlossen, das durch eine Heirat von Karls Tochter Rotrud mit dem jungen Kaiser Konstantin VI. abgesichert werden sollte, sobald die etwa achtjährige Rotrud und der ebenfalls noch unmündige Konstantin das entsprechende Alter erreicht hätten. Mit diesem Vertrag schien Karl seinem Ziel der Gleichrangigkeit mit dem Kaiser des Ostens näher gekommen zu sein, doch weigerte er sich, einer kaiserlichen Gesandtschaft seine Tochter mitzugeben (787). Was ihn dazu bewogen hat, bleibt im Dunkeln. Neben politischen Verwicklungen könnte es verletzte Ehre gewesen sein, denn Kaiser Konstantin VI. behandelte unter der Obhut seiner Mutter seinen künftigen Schwiegervater noch immer wie einen nachgeordneten Barbarenkönig. In just diesem Jahr hatte er ein allgemeines Konzil zur Beilegung des Bilderstreites nach Nikaia einberufen, und dazu zwar eine Abordnung des Papstes, nicht aber der Franken eingeladen.

Bilderstreit

Es handelte sich um den komplizierten philosophisch-theologischen Streit darum, ob die Verehrung von Bildern Gottes oder Heiliger Götzendienst sei. 730 verbot Kaiser Leon III. (717–741) den Bilderkult, sein Nachfolger ließ alle religiösen Darstellungen mit Ausnahme des Kreuzes als Zeichen der Erlösung verbieten. Kaiserin Irene näherte sich wieder der bilderfreundlichen Auffassung Roms an, und im Konzil von Nicaea wurde die Bilderverehrung verpflichtender Bestandteil der Orthodoxie.

Der mächtigste König der westlichen Christenheit fühlte sich von seinem künftigen Schwiegersohn zurückgesetzt, hätte er doch die Ergebnisse des Konzils untertänig akzeptieren müssen wie irgendein Kleinkönig. Papst Hadrian war erfreut über die Ergebnisse des Konzils, denn die Bilderverehrung war wieder zugelassen und die Ursache für den theologischen Gegensatz beseitigt, der die Kirche gespalten hatte. Er störte sich nicht daran, dass der Frankenkönig, sein Schützer, nicht an den Beratungen und Entscheidungen beteiligt worden war, das Vorgehen des Kaisers entsprach ja der seit Konstantin dem Großen geübten Praxis. Der Papst empfand sich selbst bzw. seine Gesandten als Vertreter der westlichen Christenheit, und allein dem Kaiser war es gestattet, als weltlicher Herrscher über Belange der Gesamtkirche mit zu entscheiden. Karl seinerseits argumentierte: Ohne fränkische Bischöfe kann ein Konzil nicht ökumenisch genannt werden. Außerdem hätten die Franken stets die richtige Position in der Bilderfrage vertreten.

Es dauerte Jahre, bis eine in Rom angefertigte Übersetzung der Konzilsakten am fränkischen Hof eintraf. Zu diesem Zeitpunkt hatte der Papst die Ergebnisse längst gebilligt. Karl jedoch beharrte auf seiner Position, forderte seine Zuständigkeit für Gallien, Germanien und Italien ein und ließ seine Hoftheologen in den sogenannten *Libri Carolini* (Karl'sche Bücher) seine Auffassung in aller Deutlichkeit darlegen: Die Ergebnisse des Konzils von Nikaia wurden abgelehnt. Hadrian drängte Karl zur Annahme der Beschlüsse, doch der war nur bereit, die *Libri Carolini* nicht zu öffentlich kundzutun. Außerdem wollte er Konstantin VI. trotz seiner Rückkehr zum rechten Glauben zum Häretiker erklären, sollte der nicht das Unrecht wiedergutmachen, welches das Verbot der Bilderverehrung geschaffen hatte. Diese Episode lässt erkennen, dass Karl schon als König innerhalb der Kirche für sich eine kaisergleiche Stellung beanspruchte. Seine Rolle als Schützer der römischen Kirche verstand er keinesfalls als nachgeordnete „Dienstleistung", sondern pochte auf sein „Mitbestimmungsrecht", beanspruchte die Führerschaft im Westen auch in theologischen Fragen.

Um seinen Anspruch der ganzen Welt zu demonstrieren, berief Karl 794 ein Konzil nach Frankfurt ein, zu dem nicht nur Bischöfe Galliens, Germaniens und Italiens anreisten, sondern auch Abgesandte der angelsächsischen Kirche und des Papstes. Analog zu Nikaia wurde eine Irrlehre als häretisch verurteilt, der in Spanien verbreiteten Adoptianismus, nach welchem Jesus nicht der leibliche, sondern der Adoptivsohn Gottes sei. Damit gar keine Missverständnisse über seine Rolle in der Kirche aufkämen, wurden in Anwesenheit der päpstlichen Legaten erneut und diesmal demonstrativ vor Klerus und Volk die Beschlüsse des Konzils von Nikaia verworfen. Hadrian reagierte diplomatisch, indem er weder die Beschlüsse von Frankfurt noch die von Nikaia offiziell bestätigte. Karl hatte seine kaisergleiche Stellung wieder aller Welt vor Augen geführt.

Die Kaiser-krönung

Die Kaiserkrönung steht am Ende einer ideellen und politischen Entwicklung: Karl hatte die Sonderstellung des römischen Kaisertums nicht als bloßer Nachahmer, sondern in eigentümlicher Weise längst vor der Krönung für sich vereinnahmt.

Die unmittelbare Vorgeschichte: Ein Attentat auf den Papst

Zwar beanspruchte der Frankenkönig für die Westhälfte des ehemaligen Römischen Reiches eine kaisergleiche Stellung, doch fehlte ihm immer noch der Titel. In der Spätantike hatten mehrfach Heerführer diesen Titel usurpiert, doch dürfte Karl nicht daran interessiert gewesen sein, das Kaisertum durch einen zweifelhaften Erhebungsakt zu gewinnen. Die Situation ähnelte in gewisser Weise der seines Vaters, als der nach der Krone griff. Pippin war als Hausmeier de facto König gewesen, während dem nominellen König wenig mehr als der Titel geblieben war. Und so konnte er schließlich ohne größere Mühen und ohne Aufruhr mit Zustimmung eines Großteils der Franken Childerich III. absetzen und sich inthronisieren lassen. Diese Möglichkeit hatte Karl gegenüber dem byzantinischen Kaiser nicht. Es musste eine andere Lösung gefunden werden, diesen Titel ohne Rechtsbruch zu gewinnen – wenn Karl ihn überhaupt angestrebt hat, wovon man in der Forschung ausgeht.

Die Rache einer Mutter

In Byzanz hatte Konstantin VI. seine Mutter zunächst mithilfe des Militärs entmachtet und sie dann als Mitkaiserin mit dem Recht der Nachfolge akzeptiert. Als ihm ein Sohn geboren wurde, ließ ihn seine Mutter gefangen setzen und blenden. Konstantin verstarb wenig später, Irene herrschte seit 797 gegen alle Tradition als Frau in eigenem Namen. Sie schickte eine Gesandtschaft zu Karl, die anscheinend die Anerkennung der fränkischen Hoheit in vormals byzantinischen Gebieten anbot. Einer Nachricht zufolge soll sie sogar vorgehabt haben, das Doppelkaisertum wieder aufleben zu lassen und Karl den Kaisertitel angeboten haben, was dessen Zustimmung gefunden habe.[1] Seine Kaiserkrönung in Rom sollte vom Papst als Stellvertreter der Kaiserin im Sinne einer Präsentation in Abwesenheit des Präsentierers vollzogen werden.

Auf diese Weise hätte der Frankenkönig die Rangerhöhung in Absprache mit dem oströmischen Kaiser ohne Usurpation erlangt. Allerdings wäre natürlich die übergeordnete Stellung des östlichen Augustus erhalten geblieben, wie sie seinerzeit Diokletian für sich gegenüber den anderen Kaisern vorgesehen hatte. Ob diese Nachricht nur der unzuverlässigen Gerüchteküche am byzantinischen Hof entstammte oder einen realen Hintergrund hatte, lässt sich nicht überprüfen. Wie immer man diese Nachrichten bewerten will, fest steht, dass im Frankenreich das Kaisertum seit dem Staatsstreich gegen Konstantin als vakant galt – eine Frau konnte nicht Kaiser sein. Die Ordnung der Welt bedurfte eines Kaisers.

Papst Leo III. in Not

Am Begräbnistag des Papstes Hadrian, dem 26. 12. 795, wurde einmütig Leo III. zum Papst erhoben. Er entstammte nicht dem römischen Adel, war allerdings Kleriker am Lateran und Presbyter an Santa Susanna gewesen. Zusammen mit der Wahlanzeige ließ er Karl das Banner Roms und die Schlüssel zum Grab des heiligen Petrus überbringen, womit er ihn als *patricius*

Romanorum und Schützer der römischen Kirche anerkannte und ihm entsprechende Treueide anbot. Ohne Rückhalt in einer Familie suchte er von vornherein Anlehnung an den mächtigen Herrscher der Franken, der ihm daraufhin in einem berühmt gewordenen Schreiben seine Vorstellung von seiner Rolle in der Kirche übermittelte. Er beanspruchte für sich, mit Gottes Hilfe „allseits die Kirche Christi vor dem Einfall der Heiden und vor der Verheerung durch Ungläubige mit Waffengewalt nach außen zu verteidigen und sie nach innen durch die Anerkennung des rechten Glaubens zu befestigen".

Vom Papst forderte Karl in demselben Schreiben, er solle „gleich Moses mit erhobenen Händen bei Gott unser Heer unterstützen, damit das christliche Volk überall und immer den Sieg davontrage und der Name des Herrn Jesus Christus auf dem ganzen Erdkreis zum Leuchten gebracht werde".[2]

Das Attentat auf Leo III. nach der Gothaer Weltchronik, um 1270

Dieses Schreiben erinnert an die Vorstellungen Justinians, der die Bischöfe ebenfalls auf die Rolle der Betenden beschränken wollte, während er die Leitung der weltlichen, aber auch der kirchlichen Angelegenheiten sich selbst vorbehalten wollte. Leo III. mag daran keinen Anstoß genommen haben, denn er war in Rom keineswegs unumstritten und keineswegs über alle Verdächtigungen erhaben.

Am 25. April 799 überschlugen sich die Ereignisse dramatisch. Der *Liber Pontificalis* berichtet:

> Die Attentäter näherten sich dem Papst während einer Prozession heuchlerisch mit im Gewande versteckten Waffen, warfen ihn zu Boden und misshandelten ihn – seine Begleiter flohen verschreckt. Erst schleppten ihn die Peiniger ins Griechenkloster San Silvestro, dann ins Erasmuskloster am Monte Celio, rissen ihm vor dem Altar der Klosterkirche die Pontifikalgewänder herunter, bestraften ihn für seine angeblichen Verbrechen, indem sie ihm die Augen ausstachen und die Zunge herausschnitten und machten ihn damit für alle Zukunft amtsunfähig. Durch ein Wunder genas der Papst von seinen schweren Verletzungen und konnte fliehen.[3]

Zweifel am Wahrheitsgehalt des Berichts sind angebracht, zumal die Attentäter, Verwandte des von Karl sehr geschätzten Papstes Hadrian, erwarteten, bei Karl Verständnis für Gefangennahme und Absetzung zu finden. Anstatt gleich nach der Aktion eigenmächtig einen neuen Papst zu inthronisieren, schickten sie eine Gesandtschaft zu Karl, die den Papst wegen Ämterschachers, Ehebruchs und Meineids anklagte und das eigene Vorgehen rechtfertigen sollte.

Dass die Attentäter vorgehabt hatten, Leo III. zu verstümmeln, wie in verschiedenen modernen Darstellungen zu

Der Liber Pontificalis

So wird seit 1724 die in vielen Handschriften verbreitete offizielle Geschichtsschreibung des Papsttums im Mittelalter bezeichnet. Die Zeitgenossen nannten das Werk *Gesta Pontificum Romanorum* (Taten der Römischen Bischöfe). Hervorgegangen sind sie aus Papstlisten, in denen auch die wichtigsten Ereignisse eines Pontifikats verzeichnet waren. Seit dem 8. Jahrhundert trugen kuriale Beamte regelmäßig das ihnen als erinnerungswürdig Erscheinende in dieses Buch ein.

lesen ist,[4] scheint angesichts der durchdachten Planung des Vorgehens ganz und gar unwahrscheinlich, denn wenn sie Verstümmelungen eingeplant gehabt hätten, wären die Fachleute zur Hand gewesen, derer es bedurfte, wenn man dem Papst eine Überlebenschance einräumen wollte, denn allzu lange dauert es nicht, jemandem die Zunge herauszuschneiden und die Augen auszustechen. Das wichtigste Argument gegen dieses Vorhaben ist jedoch: Wie hätten die Attentäter ihr Vorgehen gegenüber Karl rechtfertigen sollen? Wie hätten sie es wagen können, den Schützer des Papstes vor vollendete Tatsachen zu stellen? Dass Karl ganz ähnlich gedacht haben dürfte, zeigt seine gelassene Reaktion.

Es hat vielmehr den Anschein, als hätten der Papst und seine Anhänger die Vorgänge propagandistisch ausgemalt, damit seine Rettung und Genesung als ein von Gott bewirktes Wunder angesehen würde und Leo vor aller Welt als von seinen Feinden ungerechtfertigt verleumdeter, misshandelter und vor allem unschuldiger Auserwählter Gottes dastünde. Der gebildete Klerus wusste bestens, auf welche Weise man Geschehnisse publikumswirksam aufbauschen und zum eigenen Vorteil verdrehen konnte.

Papst Leo III. sucht Schutz bei Karl

Welch großen Erfolg der Papst anscheinend mit seiner Propaganda hatte, zeigt die Schilderung des nicht lange nach den Ereignissen verfassten Paderborner Epos. Der anonyme Autor erzählt höchst überschwänglich über das Zusammentreffen:

> Der König, der Vater Europas, und Leo, der oberste Hirte auf Erden, sind zusammengekommen und führen Gespräche über vielerlei Angelegenheiten. Karl fragt nach dem Geschehenen und erfährt von den verschiedenen Misshandlungen; staunend hört er von den Freveltaten, von der Zerstörung des Augenlichts und wie Leo die Sehkraft wieder erhalten hat. Er erkennt mit Staunen, wie die Zunge des Papstes, die einst von der Zange verstümmelt, nun wieder redet. Die beiden Männer blicken einander fest in die Augen, dann schreiten sie gemeinsam zur Höhe der Pfalz empor. Vor dem Tor des heiligen Tempels stehen die Priester und singen in wechselnden Chören Lobgesänge, bringen Dank und Preis dem Schöpfer dar, der dem Hohenpriester das Augenlicht wieder verliehen und seiner Zunge die Gabe der Rede, die er nicht mehr zu hoffen gewagt.[5]

Es ist zu vermuten, dass ein Angehöriger aus Karls Gelehrtenkreis dieses umfassende Epos, von dem nur Teile erhalten sind, nach dem Vorbild des antiken Dichters Vergils verfasst hat – man dachte zeitweilig an Einhard. Die lebendige Schilderung des Zusammentreffens, des sich anschließenden Gottesdienstes und des Gastmahls erwecken jedenfalls den Eindruck, als habe ein Augenzeuge berichtet, der miterlebt hat, wie der Papst dem „Vater Europas“ die erduldeten Qualen und seine wunderbare Heilung schilderte und dadurch dessen Erstaunen geweckt hat. Bedenkt man, wie wundergläubig die Menschen dieser Zeit waren, kann man sich vorstellen, wie sehr Leo den König beeindruckt hat, der als gläubiger Christ durchaus empfänglich für Zeichen des göttlichen Wirkens war und auch Reliquien über die Maßen schätzte. Wesentlich nüchterner war der Bericht der Reichsannalen über diese Vorgänge:

> Die Römer nahmen Papst Leo am großen Bittgangstag gefangen, blendeten ihn und rissen ihm die Zunge aus. Ins Gefängnis geworfen, entkam er bei Nacht über die Mauer, begab sich zu den Gesandten des Königs, die sich damals in der Kirche des heiligen Petrus aufhielten, Abt Wirund und Herzog Winigis von Spoleto. Von ihnen wurde er nach Spoleto gebracht. [...] [Karl] empfing ebendort [Paderborn] Papst Leo mit großer Ehre und während er dort auf die Rückkehr seines Sohnes wartete, entließ er den Papst mit gleicher Ehre, wie er empfangen worden war.[6]

Dieser Bericht zeigt einerseits, dass der Autor die päpstliche Version über das Attentat kannte, doch verwundert es, dass er keinen Kommentar dazu abgab, weshalb er ganz plötzlich gesund bei Karl ankam, der ihn mit großen Ehren empfing und wieder entließ. Diese Worte hätte der Autor sicher auch gebraucht, wenn Karl einen hochrangigen Vasallen oder von ihm in anderer Weise Abhängigen zu Besuch gehabt hätte. Der Herr gibt dem Untergebenen die Erlaubnis, seinen Hof zu verlassen.

Einhard berichtet ebenfalls, dass man Leo die Augen ausgerissen und die Zunge abgeschnitten habe, weshalb der sich genötigt sah, „den König um Schutz anzuflehen“. Dem Schutz folgte im Denken dieser Zeit die Herrschaft auf dem Fuß, Karl hatte in dieser Situation derart viel Grund, sich als übergeordnet zu fühlen, dass ein renommierter Historiker[7] den Verdacht geäußert hat, er habe mit den Verschwörern unter einer

Decke gesteckt, habe diese womöglich beauftragt, Leo zu verschleppen, ohne ihm allzu weh zu tun. Wäre Karl eine solche Aktion zuzutrauen? Immerhin verurteilte er die Attentäter zum Tode, doch des Papstes Begnadigung zum Exil im Frankenreich dürfte mit ihm zuvor abgesprochen gewesen sein. Nach Leos Tod durften sie nach Rom zurückkehren.

Diese Theorie macht einem Krimi alle Ehre, denn es stellt sich heraus, dass dieses Verbrechen von dem in Auftrag gegeben worden ist, der eigentlich über jeden Verdacht erhaben schien. Diese Theorie lässt sich nicht widerlegen, aber ebenso wenig beweisen, und sie setzt voraus, dass Karl mit allen Mitteln versucht hat, Kaiser zu werden, ohne als Usurpator zu erscheinen. Genauso wenig widerlegen lässt sich die meines Wissens bisher noch nie aufgestellte Theorie, dass Papst Leo III. selbst das Attentat in Auftrag gegeben hat. Auch er hätte einen guten Grund gehabt, war doch seine Lebensführung in Kritik geraten. Durch die Wunderheilung konnte er sich vor aller Welt und vor allem vor König Karl als Auserwählter Gottes präsentieren, denn Gott allein konnte ihm Augenlicht und Zunge wiedergeben. Vielleicht aus diesem Grund hat er die von Karl mit dem Tode bestraften Attentäter, nach dieser Lesart ja Mitwisser seines Plans, zur Verbannung ins Frankenreich begnadigt. Mit etwas Fantasie lassen sich ohne Frage noch weitere „unwiderlegbare“ Versionen finden.

Romzug und Krönung: Schützer, Richter und Herr

Der König war vermutlich von Leos Gegnern längst vor der Ankunft des Papstes ausführlich über die Vorgänge in Rom informiert worden. Mag sein, dass ihn die Erzählungen über die wundersame Heilung tatsächlich für den Papst eingenommen hatten, mag sein, dass er aus politischem Kalkül heraus handelte, jedenfalls brachte der ehrenvolle Empfang von vornherein zum Ausdruck, dass er ihn als rechtmäßigen Papst anerkannte.

Der „patricius Romanorum" in der Rolle des „Schutzherrn"

Die heikle Frage, welche Rolle Karl in der Streitsache zwischen dem Papst und seinen Gegnern als *patricius* und Schutzherr der römischen Kirche spielen sollte, ob er Richter sein durfte, blieb bei den Verhandlungen mit dem Papst zunächst vermutlich ausgeklammert, obwohl man sich bei Hofe schon Gedanken darüber gemacht hatte. Alkuin jedenfalls wies auf einen Rechtssatz der „Symmachianischen Fälschungen" aus dem Anfang des 6. Jahrhunderts hin, der besagte, dass der erste Sitz (der des Papstes) von niemandem gerichtet wird (*Prima sedes a nemine iudicatur*), das heißt, dass der Papst sich allein vor Gott verantworten muss.

Symmachianische Fälschungen

Sie wurden von den Anhängern des Papstes Symmachus (498–514) anlässlich eines Prozesses gegen ihn aus erfundenen früheren Papstprozessen mit dem Ziel zusammengestellt, zu beweisen, dass der Papst von keiner irdischen Instanz gerichtet werden könne. Besonders durch die willkürlich ausgewählte und veränderte Aufnahme in den *Liber Pontificalis* haben sie weite Verbreitung erfahren und großen Einfluss auf das Kirchenrecht ausgeübt.

Trotzdem legte Alkuin dem König in einem Brief eindringlich die Verpflichtungen ans Herz, die aus seiner besonderen Stellung in der Christenheit resultierten; er forderte ihn auf, die Initiative zu ergreifen, um das Ärgernis aus der Welt zu schaffen:

> Drei Personen nahmen in der Welt bisher die höchste Stelle ein: der Papst in Rom, der den Stuhl des heiligen Apostelfürsten Petrus als Stellvertreter innehat, dann die kaiserliche Würde und die weltliche Macht des zweiten Rom, an dritter Stelle die königliche Würde, zu der Euch die Gnade des Herrn Jesus Christus als Lenker des christlichen Volkes erhoben hat, mächtiger als die Genannten, hehrer an Weisheit, erhabener durch die Würde des Reiches. Auf dir allein ruht das gesamte Wohl der Kirche Christi.[1]

Dieser Brief zeugt vom Bewusstsein der Überlegenheit des Herrschers und seines vertrauten Beraters. Aachen, Karls Lieblingsresidenz, war im Hinblick auf die überragende politische Stellung längst verschiedentlich als „zweites Rom" und im Hinblick auf die Bildung von Alkuin sogar als „zweites Athen" apostrophiert worden, allerdings noch bedeutender als Athen, weil hier antike und christliche Gelehrsamkeit sich vereinten. Vermutlich hat Alkuin das Kaisertum in Konstantinopel ganz bewusst als weltliche Macht des „zweiten Rom“ bezeichnet, weil für ihn Karl der weltliche Herr des ersten und wirklichen Rom war; weshalb sich der Papst ja Hilfe suchend an ihn gewandt hatte. Karl fehlte nur noch der Titel des Kaisers, Macht und Funktion hatte er schon, wobei Alkuin das *Imperium* nicht mehr nur im antiken Sinn, sondern als christliches *Imperium* interpretierte.

Möglicherweise empfing der „Vater Europas“ den Papst absichtlich in Paderborn, um sich dort als Bezwinger der heidnischen Sachsen und Verbreiter des christlichen Glaubens zu präsentieren und dadurch sein Ansehen nochmals zu steigern. Denken wir zurück an Karls Schreiben anlässlich der Erhebung Leos zum Papst, dann lieferte er doch in Paderborn den Beweis dafür, dass er „die Kirche Christi vor dem Einfall der Heiden und vor der Verheerung durch Ungläubige“ verteidigte. Karl strebte, so vermutet man in der einschlägigen Forschung, den Kaisertitel an und wollte sich bei der Durchsetzung seiner Ziele der Autorität des Papstes bedienen.

Untersuchungen am Tatort

Angesichts dieser heiklen Situation waren diplomatisches Fingerspitzengefühl und geschicktes Taktieren vonnöten. Ganz staatsmännisch und selbstbewusst bewahrte Karl Ruhe und Überblick. Er ließ den Papst noch im Herbst 799 von einer hochrangigen Gefolgschaft, darunter den Erzbischöfen Hildebald von Köln und Arn von Salzburg, nach Rom zurückgeleiten. Die Gesandten sollten vor Ort die Freveltat und ihre Hintergründe untersuchen. Damit nahm Karl die übergeordnete Position eines Richters ein, der sich nicht von vornherein auf die

Aussagen des Papstes verließ, sondern die Gegenseite hören wollte. Die Gesandten ließen in Rom die Attentäter zwar festnehmen, aber sie verurteilten diese nicht, sondern ließen sie ins Frankenreich bringen. Arn von Salzburg hat Alkuin über die Vorwürfe gegen den Papst berichtet, die wohl so gravierend waren, dass Alkuin dessen Brief verbrannte, damit nicht irgendein Ärgernis durch etwaige Nachlässigkeit des Briefbewahrers entstehe. Zweifel an der Integrität des Papstes und seiner Darstellung des Überfalls waren aufgekommen. War das der Grund dafür, dass die Attentäter nicht gleich verurteilt wurden? Oder fürchteten die Gesandten vielleicht einen Aufstand der Papstgegner aus dem römischen Adel?

Was immer zutreffen mag, der Papst konnte sich längst nicht in Sicherheit wiegen, war von Karls Wohlwollen abhängig. Leo III. war sich dessen bewusst und stellte den Gesandten gegenüber sein Wohlwollen gegenüber dem König zur Schau. Zumindest ein Teil der Untersuchungen fand im Triclinium (Speisezimmer) des Laterans statt, in dem Leo unter anderen ein bemerkenswert programmatisches Mosaik hatte anbringen lassen, das die Hinwendung des Papstes zum Frankenkönig in aller Deutlichkeit zum Ausdruck brachte: Der thronende Christus reicht dem aus seiner Sicht rechts neben ihm knienden heiligen Petrus das Pallium (die Stola) als Zeichen seiner Würde, dem links neben ihm knienden Kaiser Konstantin dem Großen das Labarum (die Kaiserstandarte). Daneben zeigte ein Mosaik den thronenden heiligen Petrus, der Papst Leo das Pallium, König Karl jedoch eine Fahnenlanze (*vexillum*) überreichte. Darunter stand: „Heiliger Petrus, gib Papst Leo das Leben und König Karl den Sieg."

Damit unterstrich Leo, dass der Schutz der römischen Kirche, des Papstes und Roms nicht mehr in der Hand der Nachfolger Konstantins lag, sondern auf den Frankenkönig übergegangen war. Rom hatte sich von Konstantinopel ab- und dem Frankenkönig zugewandt. Schon Leos Vorgänger Hadrian hatte nicht mehr Münzen mit dem Kopf des byzantinischen Kaisers schlagen lassen, und die päpstlichen Urkunden trugen nicht mehr den Namen des Kaisers. Bedenkt man, dass traditionell der höchste weltliche Herrscher, der Kaiser, Schützer der Kirche war, liegt es nahe, dass der Papst mit dem Gedanken spielte, die Kaiserwürde auf Karl zu übertragen. Wie seinerseits bei Pippins Thronerhebung hätte der Papst damit quasi die rechte Ordnung in der Welt wieder hergestellt. Allerdings gab es dafür ebenfalls keine Tradition. Noch nie hatte ein Papst aus seiner Machtvollkommenheit heraus jemanden zum Kaiser erhoben. Diesen Mangel an Tradition machte die Konstantinische Schenkung wett: Konstantin soll ja seinerzeit Papst Silvester das Westreich und den Gebrauch der kaiserlichen Insignien überlassen haben.

Die Gesandten ließen den „Fall Leo“ bis zur Ankunft des Königs in der Schwebe, der sich mit seinem Romzug sehr viel Zeit ließ. Von Paderborn aus begab er sich zunächst nach Aachen, wo ihm zu Beginn des Jahres 800 eine Gesandtschaft des Patriarchen von Jerusalem Reliquien vom Heiligen Grab schenkte. Karl ließ sie beschenkt zurückkehren und gab ihr den Priester Zacharias mit speziellen Aufträgen mit. Anscheinend war der Romzug schon zeitlich exakt geplant, denn Zacharias traf am 23. Dezember mit Gesandten des Patriarchen in Rom ein.

Im Frühjahr unternahm der König dann eine Rundreise durch sein Reich, inspizierte die gegen die Piraten erbaute Flotte an der Atlantikküste, feierte das Osterfest bei Angilbert von St. Riquier, einem Romexperten, und traf in Tours mit seinen Söhnen zu einer Art Familienkonferenz zusammen, die nach Aussagen des anonymen Biografen Ludwigs des Frommen der Planung des Romzuges gedient habe, vermutlich aber auch

Reisegeschwindigkeit im Mittelalter

Sie war von den örtlichen Gegebenheiten, dem Wetter und der Art der Reisegesellschaft abhängig. An einem Tag konnte man bei günstigen Bedingungen für kurze Zeit folgende Strecken schaffen: Fußgänger 40 km, Reiter 60 km, mit dem Boot flussabwärts bis zu 150 km, flussaufwärts getreidelt (vom Pferd gezogen) allenfalls 25. Ruder- und Segelschiffe konnten bis zu 200 km schaffen. Ein Heer mit Tross kam sicher nicht über 30 km voran, durchschnittlich vielleicht 20 km.

der Nachfolgeregelung – Karl stand mit seinen 52 Jahren schon an der Schwelle zum Greisenalter und vor einem beschwerlichen und gefährlichen Unternehmen. Der Tod seiner Gemahlin Liutgard am 4. Juni mag ihm die Vergänglichkeit des Lebens schmerzhaft vor Augen geführt haben. Ihr Grab fand sie in St. Martin in Tours, dem Kloster Alkuins.

Karls Aufbruch nach Rom

Anfang August hielt Karl in Mainz eine Versammlung der Großen ab und brach mit einem schlagkräftigen Heer in Begleitung seiner Söhne Pippin und Karl sowie seiner Töchter und zahlreicher geistlicher und weltlicher Großer des Reiches nach Italien auf. In den Quellen finden sich als Begründung für den Romzug zwar religiöse Motive, der Besuch der Apostelgräber, der Schutz des Papstes und die Wiederherstellung der Ordnung in Rom, nicht aber der Erwerb der Kaiserkrone.

Welchen Weg Karl genau genommen hat, ist nicht zu rekonstruieren, doch reiste er ohne Hast und schlug nicht den kürzesten Weg ein, denn auf dem lag Ravenna nicht. Dort machte er eine Rast von sieben Tagen und traf vermutlich mit dem Erzbischof und vielleicht auch dem geschätzten Patriarchen Paulinus von Aquileia zusammen, der als Grammatiklehrer zum Kreis der Hofgelehrten gehört und einen Traktat gegen den auf der Frankfurter Synode verketzerten Adoptianismus verfasst hatte. Mag sein, dass Karl Ravenna besonders am Herzen lag, hatte er doch die Aachener Pfalzkapelle, das Kernstück des heutigen Doms, nach dem Vorbild von San Vitale in Ravenna als Oktogon errichten lassen – byzantinische Vorbilder für San Vitale kannte er allenfalls vom Hörensagen. Zu deren Ausstattung hatte er antike Säulen aus Rom und Ravenna nach Aachen transportieren lassen. Es mögen ihn auch das Grab und die vergoldete Reiterstatue Theoderichs des Großen angezogen haben; Letztere hat er ebenfalls nach Aachen bringen und im Bezirk der Pfalz aufstellen lassen.

Von Ancona aus schickte Karl seinen Sohn, König Pippin von Italien, mit einem Teil des Heeres zu einem Plünderungszug nach Benevent, dessen Herzog sich der fränkischen Oberhoheit entzog. Diese und weitere Unternehmungen blieben jedoch erfolglos, Benevent behauptete seine Selbstständigkeit gegenüber den Großmächten. Möglicherweise beabsichtigte Karl, das

Heerzüge

Ein Heerzug war ein großes logistisches Problem. Zwar war jeder verpflichtet, Nahrungsmittel für eine bestimmte Zeit mitzunehmen, doch allein schon das Futter für die Pferde musste vor Ort verfügbar sein. Heerzüge unternahm man wie in diesem Fall bevorzugt in Zeiten, in denen die Ernte schon eingefahren und die Versorgung unterwegs gewährleistet war. Große Heere zogen aus diesem Grund häufig in mehreren Kolonnen an das Ziel und führten oftmals zu einer dramatischen Verteuerung der Lebensmittel.

Herzogtum wieder enger an das Reich zu binden, hat dieses Ziel aber nicht mit der nötigen Energie betrieben. Vielleicht beugte er mit dieser Maßnahme aber auch nur Versorgungsengpässen vor, denn so ein Heer will ja versorgt werden und durfte sich im eigenen Land nicht schadlos halten. Für Karl hatte das den großen Vorteil, dass ein Teil des Heeres sich durch Plünderung im nahen Feindesland versorgte, aber dennoch bei Bedarf relativ rasch zur Verfügung stand.

Karls Einzug in Rom

Am 23. November wurde Karl in Mentana, zwölf Meilen vor Rom, feierlich empfangen. Nach einem gemeinsamen Mahl zog der Papst dem König nach Rom voraus, schickte ihm am folgenden Tag die Fahnen der Stadt entgegen und beorderte an ausgewählte Plätze Scharen von Fremden und Bürgern, die Karl mit Lobgesängen willkommen heißen sollten. Leo selbst empfing den König zusammen mit Bischöfen und dem römischen Klerus an den Stufen von St. Peter.

Das Zeremoniell der Einholung

Herrscher wurden anlässlich von „Staatsbesuchen" standesgemäß eingeholt, wobei sich ein verbindliches Zeremoniell herausbildete. Zu Karls Zeit gab es dafür noch keine festen Regeln, sondern allenfalls Präzedenzfälle. So hatte Kaiser Justinian II. 711 befohlen, Papst Konstantin I. wie einen Kaiser zu empfangen. Dieser wurde am siebten Meilenstein vor Konstantinopel durch Mitkaiser, Patriarch, Senat und Klerus eingeholt. Mitte des 10. Jahrhunderts verfasste Kaiser Konstantin VII. für solche Fälle ein regelrechtes Zeremonienbuch.

Bei seinem letzten Besuch als *patricius Romanorum* war Karl am ersten Meilenstein eingeholt worden, und zwar nicht vom Papst persönlich. Der Unterschied zwischen beiden Empfängen verleitete einige Historiker zu der Annahme, er sei diesmal wie ein Kaiser aufgenommen worden. Allerdings gab es für die Einholung eines Kaisers kein festgelegtes Zeremoniell und der letzte, der die Stadt betreten hatte, Konstans II., wurde von Papst und Klerus 662 am sechsten Meilenstein abgeholt.[2] Es gab genügend andere Gründe für den Papst, so außergewöhnlich entgegenkommend zu sein, hing doch sein Schicksal von Karl ab. Das Beispiel seines unmittelbaren Vorgängers Konstantin II. hatte nur allzu deutlich gezeigt, dass ein Papst sehr wohl von Menschen gerichtet werden konnte, denn dieser war von den Langobarden geblendet und durch den Gegenpapst Philipp ersetzt worden.

Papst Leo leistet den Reinigungseid

König Karl rief am 1. Dezember eine Versammlung in die Peterskirche ein, zu der neben fränkischen Großen auch Angehörige des römischen Adels geladen waren. Unter dem Vorsitz Karls als *Patricius* der Römer sollten die Verbrechen untersucht werden, die dem Papst zur Last gelegt worden waren. Anders als bei den Voruntersuchungen durch die Königsboten kamen diesmal weder die Verschwörer zu Wort, noch fand eine inhaltliche Erörterung der Anschuldigungen statt. Die versammelten Weisen, die mit Papst und Kaiser in der Runde saßen, während die übrigen Teilnehmer standen, erkannten gemäß den pseudosymmachianischen Dekreten, dass es niemand wagen dürfe, den Inhaber des päpstlichen Stuhls zu richten. Zum Ausgleich erklärte sich Leo bereit, den Reinigungseid zu leisten, das heißt, er unterstellte sich Gottes Urteil.

Gottesurteil

Das Gottesurteil entspringt der Vorstellung, Gott verhelfe der gerechten Sache durch ein Wunder zum Sieg. Schwor der Papst einen falschen Reinigungseid, wurde er spätestens im Jenseits dafür bestraft. Daneben gab es eine ganze Palette weiterer Proben wie den gerichtlichen Zweikampf oder die Abendmahlsprobe, die auf dem Gedanken beruhte, dass die Einnahme der geweihten Hostie durch Unwürdige deren Verdammnis nach sich ziehe. Besonders beliebt waren diverse Wasser- und Feuerproben.

In den folgenden drei Wochen wurde in langwierigen Verhandlungen die Eidesformel aufgesetzt, die Leo, die Evangelien in Händen, am 23. Dezember auf dem Ambo (erhöhte Plattform) der Peterskirche nahe der Confessio des Apostelfürsten unter Anrufung der Dreieinigkeit vor der Versammlung sprach:

> Es ist bekannt teuerste Brüder, dass böse Menschen wider mich aufgestanden sind. Sie haben mich verstümmeln wollen und schwere Beschuldigungen auf mich gehäuft. Zur Untersuchung dieser Angelegenheit ist der gnädigste und erlauchteste König Karl mit seinen Bischöfen und Großen in diese Stadt gekommen. Deshalb bekenne ich, von niemandem verurteilt oder gezwungen, sondern aus meinem freien Willen mich in Eurer Gegenwart vor Gott, der mein Gewissen kennt, und vor dem heiligen Apostelfürsten Petrus, in dessen Kirche wir uns befinden, rein von jenen schuldvollen Verbrechen zu sein, welche jene mir zur Last legen, die ich aber weder getan habe noch habe tun lassen. Dafür ist Gott mein Zeuge, vor dessen Gericht wir kommen werden und in dessen Angesicht wir stehen. Dies tue ich aus freiem Willen, um jeglichen

> Verdacht niederzuschlagen; nicht als ob es so in den Kirchengesetzen stünde oder als ob ich damit meinen Nachfolgern oder unseren Brüdern und Mitbischöfen einen Präzedenzfall oder eine Regel auferlegen will.[3]

Da Leo weder die Schwurhand abfiel, noch Gott sonst ein Zeichen setzte, das auf einen Meineid schließen ließ, galt er als von jedem Verdacht gereinigt und alle Anwesenden stimmten das *Te deum laudamus* (Gott wir loben dich) an. Bemerkenswert ist, dass der Papst in diesem Eid nicht mehr von vollzogener, sondern von beabsichtigter Verstümmelung gesprochen hat, was verschiedene Historiker für bare Münze genommen haben. Mir scheint dieser Eid ein Zeugnis für die Gottesfürchtigkeit des Papstes zu sein, der sich scheute, die Lügen unter Eid zu wiederholen, die er Karl in Paderborn aufgetischt hatte – bei der Rekonstruktion der Absichten seiner Gegner vor dem göttlichen Gericht konnte er angesichts dieser Formulierung entschuldigend vorbringen, er habe sich getäuscht.

Am 23. Dezember traf auch Karls Gesandter an den Patriarchen von Jerusalem mit zwei Mönchen vom Kloster des Mönchsvaters Sabas am Ölberg ein, die dem fränkischen König die Schlüssel zum Heiligen Grab brachten, zum Kalvarienberg und zum Berg Sion samt einer Fahne der Stadt Jerusalem, die nach mittelalterlicher Vorstellung das Zentrum der Welt darstellte.

Das Überreichen von Schlüsseln und Fahne bedeutete symbolisch die Unterstellung unter die Herrschaft und den Schutz des Königs. Karl war nun nicht mehr nur Beherrscher der Gallia, Francia und Italia, der Vater Europas, sondern auch noch Herr des geografischen Zentrums des Universums und des religiösen Zentrums der Christenheit, war Schutzherr des Grabes Christi. Gab es eine vergleichbare Machtfülle auf Erden?

Die Kaiserkrönung: Geschehen und Hintergründe

Am ersten Weihnachtsfeiertag fand das epochale Ereignis statt, das die europäische Geschichte für Jahrhunderte geprägt hat: König Karl wurde von Papst Leo III. während des feierlichen Hochamtes zum Kaiser gekrönt. Der genaue Verlauf des Zeremoniells und die Begründungen für diesen Traditionsbruch müssen aus verschiedenen Quellen, geschrieben aus unterschiedlichem Blickwinkel,

Kaiserkrönung Karls des Großen, Sächsische Weltchronik (vor 1290)

wie ein Puzzle zusammengesetzt werden. In der Frage, wie die Krönung vollzogen wurde, ist man sich in der Forschung weitgehend einig, doch die Frage, ob Karl sich seine Krönung so vorgestellt hat, wie sie vollzogen wurde, hat viele Gemüter bewegt. Die Diskussionen sind in gewisser Hinsicht ein Spiegel des Zeitgeistes. Einig ist man sich, dass Karl über das Vorhaben des Papstes, ihn zum Kaiser zu erheben, Bescheid wusste.

Das Zeremoniell

In Rom hatte seit Jahrhunderten keine Kaisererhebung mehr stattgefunden, und es gab weder in Rom noch in Byzanz Zeremonienbücher, in denen man hätte nachschlagen können, wie sie zu vollziehen sei. Bekannt war, dass an der Wahl und Einsetzung, wenn es sich nicht um eine Erhebung zum Mitkaiser durch den Vater handelte, Heer, Senat und Volk beteiligt waren. Hinzu kam im Osten seit der Erhebung Leons I. (457) meist die Krönung durch den Patriarchen von Konstantinopel, die dem Kaiser die spirituelle Weihe für sein Amt gab. Bisweilen ist sogar eine Schilderhebung überliefert.

Nach der Krönung waren Patriarch und Papst zum Fußfall vor dem Kaiser, der sogenannten Proskynese, verpflichtet, die ein fester Bestandteil des byzantinischen Hofzeremoniells war.

Lassen wir nun die einzelnen Geschichtsschreiber zu Wort kommen. Im *Liber Pontificalis* wird das Ereignis so gewürdigt:

> Am Tage der Geburt des Herrn Jesu Christi waren alle in der schon genannten Basilika des heiligen Apostels Petrus wiederum versammelt. Und da krönte der ehrwürdige und Segen spendende Vorsteher Karl eigenhändig mit der kostbarsten Krone. Darauf riefen alle gläubigen und getreuen Römer, die den Schutz und die Liebe sahen, die Karl der

> römischen Kirche und ihrem Vertreter gewährte, einmütig mit lauter Stimme auf Gottes Geheiß und des heiligen Petrus, des Schlüsselträgers des Himmelreiches, Eingebung hin aus: „Karl dem frömmsten Augustus, dem von Gott gekrönten großen und friedvollen Kaiser, Leben und Sieg!" Vor der heiligen Confessio des seligen Petrus ist das, unter Anrufung vieler Heiliger, dreimal ausgerufen worden, und von allen ist er als Kaiser der Römer eingesetzt worden. Auf der Stelle salbte der heiligste Vorsteher und Oberpriester mit heiligem Öl Karl, seinen hervorragendsten Sohn, an demselben Tage der Geburt unseres Herrn Jesu Christi zum König.[1]

Folgende Handlungen scheinen dem Autor erwähnenswert: Leo krönt Karl, woraufhin die anwesenden Römer Karl zum Kaiser ausrufen. Hernach salbt der Papst Karls Sohn Karl zum König, eine Salbung des Kaisers wird nicht erwähnt. In den Reichsannalen liest sich der Hergang der Krönung so:

> Als der König gerade am heiligen Weihnachtstag sich vom Gebet vor dem Grab des seligen Apostels Petrus erhob, setzte ihm Papst Leo eine Krone aufs Haupt, und das ganze Römervolk rief dazu: dem erhabenen Karl, dem von Gott gekrönten großen und Frieden bringenden Kaiser der Römer Leben und Sieg! Und nach den lobenden Zurufen wurde er vom Papst nach der Sitte der alten Kaiser durch Kniefall geehrt und fortan, unter Weglassung des Titels Patricius, Kaiser und Augustus genannt.[2]

Im Gegensatz zum päpstlichen Berichterstatter erschien dem kaiserlichen der Fußfall des Papstes erwähnenswert, stellte er doch den Kaiser in die alte Tradition und damit über den Papst – zumindest was den irdischen Bereich angeht.

Wesentlich ausführlicher berichtet Abt Richbot von Lorsch, der zum engeren Kreis der Vertrauten des Herrschers gehörte und intime Kenntnisse über die Vorstellungen und Motive der Handelnden besaß, in den Lorscher Annalen über die Hintergründe der Krönung:

> Und weil schon damals das Kaisertum bei den Griechen nicht mehr bestand und sie eine weibliche Herrschaft hatten, erschien es dem Apostelnachfolger Leo selbst und allen heiligen Vätern, die an diesem Konzil teilnahmen, und dem übrigen christlichen Volk, dass sie Karl, den König der Franken, zum Kaiser erheben müssten. Denn er hielt Rom in Besitz, wo immer die Kaiser zu herrschen pflegten, und er hatte auch die übrigen Städte in Italien, Gallien und Germanien inne, weil der allmächtige Gott ihm alle diese Sitze in seine Macht gegeben hatte. Daher erschien es ihm gerecht, dass er mit Gottes Hilfe und auf Bitten des gesamten Christenvolkes diesen Titel erhielt. Ihre Bitte konnte der König nicht abschlagen, sondern er unterwarf sich mit aller Demut Gott und nahm auf Bitten der Bischöfe und des gesamten Christenvolkes am Fest der Geburt unseres Herrn Jesu Christi den Kaisertitel mit der Segnung durch den Herrn Papst Leo an.[3]

Abt Richbot berichtet rein gar nichts über das Zeremoniell. Einhard, der enge Vertraute des Kaisers, gibt mit einem zeitlichen Abstand von mindestens 14 Jahren in der *Vita Karoli Magni* das Geschehen folgendermaßen wieder:

> Während seiner ganzen Regierungszeit lag ihm nichts so sehr am Herzen als der Wunsch, die Stadt Rom durch seine Bemühungen wieder zu ihrem alten Ansehen zu bringen, die Kirche des heiligen Petrus zu verteidigen und zu beschützen

> und sie durch eigene Mittel zu verschönern und zu bereichern, sodass sie unter allen Kirchen hervorragte. Obwohl er sie so hoch verehrte, kam er im Laufe seiner 47-jährigen Regierung jedoch nur viermal nach Rom, um dort seine Gelübde zu erfüllen und seine Andacht zu verrichten.
> Seine letzte Reise nach Rom hatte mehrere Gründe. Die Römer hatten Papst Leo schwer misshandelt, ihm die Augen ausgestochen und die Zunge ausgerissen, sodass er sich gezwungen sah, den König um Schutz zu bitten. Daher begab sich Karl nach Rom, um die verworrenen Zustände der Kirche zu ordnen. Das dauerte den ganzen Winter. Bei dieser Gelegenheit erhielt er den Titel eines Kaisers und Augustus, der ihm anfangs so zuwider war, dass er erklärte, er würde die Kirche selbst an diesem hohen Feiertag nicht betreten haben, wenn er die Absicht des Papstes geahnt hätte. Die Eifersucht der oströmischen Kaiser, die ihm die Annahme des Titels schwer verübelten, ertrug er dann allerdings mit erstaunlicher Gelassenheit. Er überwand ihren Widerstand durch seine Großmut – denn in dieser Beziehung stand er weit über ihnen – und indem er ihnen zahlreiche Botschaften sandte und sie in den Briefen immer als Brüder anredete.[4]

Auch Einhard berichtet nichts über das Zeremoniell. Es hat den Anschein, als ob den Berichterstattern die Einzelheiten des Zeremoniells nicht allzu wichtig gewesen wären. Auffallend ist, dass die Salbung einzig und allein von dem byzantinischen Chronisten Theophanes Confessor erwähnt wird, weil sie so ganz gegen den byzantinischen Brauch gewesen ist. Theophanes hat den Ablauf der Krönung sicher nur vom Hörensagen gekannt und vermutlich die Salbung von Karls Sohn Karl auf den Kaiser bezogen. So schreibt er, Leo habe Karl in der Kirche des heiligen Apostels Petrus zum Kaiser der Römer gekrönt und ihn danach mit Öl von Kopf bis Fuß gesalbt, in kaiserliche Gewänder gekleidet und gekrönt.

Man mag sich das Hohngelächter oder zumindest das Schmunzeln der Leser dieser Chronik vorstellen, denn das Salben von Kopf bis Fuß war ja nur möglich, wenn Karl in der allenfalls notdürftig geheizten Kirche nackt vor dem Papst stand. Hatte er vielleicht die gesamte Weihnachtsmesse nackt verfolgt, denn vom Entkleiden vor der Salbung ist nirgends die Rede? Die Erzählung des Theophanes wirkt nicht nur verspottend, sondern ist höchst unglaubwürdig.

Nach den Anweisungen des ersten Krönungsordo (Krönungszeremoniells) für den Kaiser, dem vielleicht in Mainz entstandenen römischen Ordo aus der Zeit vor 960, sollte der Kardinalbischof von Ostia den zu Krönenden vor der *Confessio sancti Petri* am rechten Arm und zwischen den Schulterblättern salben, bevor der Papst dem vor dem Altar Stehenden die Krone aufsetzt. Seitdem erst ist die Salbung des Kaisers Bestandteil des Krönungszeremoniells. Selbst wenn man zugesteht, dass Römer und Franken nicht allzu gut über die byzantinischen Formen der Kaisererhebung informiert waren, dürfte bekannt gewesen sein, dass Kaiser nicht gesalbt wurden. Man wusste ja auch über die Proskynese und die Mitwirkung des Volkes Bescheid, die in Byzanz das konstituierende Element bei der Amtseinsetzung waren. Zum König gesalbt worden war Karl schon 753 mit etwa drei Jahren beim Papstbesuch in Ponthion. Diese Salbung verband ihn mit der Tradition der alttestamentarischen Könige, vor allem mit der Davids – er war ein Gesalbter des Herrn. Eine Salbung zum Kaiser wäre nicht nur unüblich, sondern auch unnötig gewesen, hätte keinen Gewinn an Legitimation und Ansehen mit sich gebracht und darum musste es Karl – abgesehen vom Selbstwertgefühl – in erster Linie gehen. Erst die ottonischen Kaiser und ihre Nachfolger haben sich sowohl bei der Königs- als auch bei der Kaiserkrönung salben lassen.

Die Legitimation der Kaisererhebung

Karls Kaiserkrönung wurde natürlich vor allem im Osten als Rechtsbruch angesehen, im Westen war sie zumindest eine unerhörte Neuerung. Aus diesem Grund musste den Beteiligten daran gelegen sein, die Handlung als gerechtfertigt darzustellen. Dies geschah in unterschiedlicher Weise: An der Schilderung im *Liber Pontificalis* ist höchst bemerkenswert, dass die Zeremonie an die sogenannte Inspirationswahl erinnert, die bei der Besetzung von kirchlichen Ämtern hin und wieder erwähnt wird. Die Inspirationswahl ist dadurch gekennzeichnet, dass einer der Wähler, inspiriert vom heiligen Geist, den künftigen Amtsträger benennt und alle anderen, ebenfalls von diesem inspiriert, lauthals zustimmen. Aus diesem Grund wurde vor Wahlen im kirchlichen Bereich stets der heilige Geist angerufen, seit dem Investiturstreit häufig auch vor Wahlen des römischen Königs, bis Kaiser Karl IV. in der Goldenen Bulle von 1355 festgelegt hat, dass vor einer jeden Königswahl eine Messe zum heiligen Geist abzuhalten sei.

Im Fall der Kaiserkrönung hat der Papst durch das Aufsetzen der Krone Karl dem Volke als Kaiser vorgestellt, das auf Gottes Befehl und durch die Eingebung des Apostelfürsten Petrus mit lauten Lobrufen zustimmte und dadurch die Erhebung zum Kaiser erst rechtskräftig gemacht hat. Natürlich wurde die Kaiserkrönung im Voraus geplant, die Inszenierung oder zumindest der Bericht darüber orientierte sich an dieser Wahlform, durch welche der Willen Gottes in geradezu idealer Form wiedergegeben wurde und die sehr gut mit den byzantinischen Bräuchen zu kombinieren war. Karl ist also durch

Gottes Willen zum Kaiser erhoben worden. Gibt es eine eindeutigere Legitimation?

Abt Richbot von Lorsch kreierte eine Legitimation, die auf die Wiederherstellung der rechten Ordnung in der Welt durch die Kaiserkrönung hinauslief: Der Kaiserthron verwaist, Karl Herr von Rom, dem ursprünglichen Sitz der Kaiser, und der übrigen Städte in Gallien und Germanien (vor allem waren wohl die kaiserlichen Residenzstädte gemeint), weshalb Papst und Volk ihn bedrängen, Kaiser zu werden. Karl nimmt demütig an, weil er angesichts der geschilderten Situation nicht ablehnen kann, nicht ablehnen darf. Durch diesen Akt wird nicht nur das Kaisertum wiederhergestellt, sondern auch an seinen ursprünglichen Sitz zurückgebracht. Von der Idee her geht das ganz in die Richtung der päpstlichen Antwort auf die Anfrage Pippins, wer rechtmäßig im Frankenreich herrschen solle. Zacharias entschied zugunsten Pippins, der nicht den Namen des Königs, wohl aber die reale Macht hatte, damit die Ordnung nicht gestört werde. Richbot betonte in seiner Schilderung zudem Karls außerordentliche Eignung für das hohe Amt, denn in kirchlichen Kreisen, und nicht nur in diesen, war die Vorstellung verbreitet, dass sich der Erwählte aus Demut gegen die Amtsübernahme zu sträuben habe: Nur der, welcher ein Amt nicht anstrebt, sondern es in Demut gezwungenermaßen annimmt, ist würdig dafür – das ist im heutigen politischen Alltag völlig in Vergessenheit geraten, erscheint angesichts der gegenwärtigen Realität absurd.

Mit gleicher Intention könnte Einhard die Geschehnisse in seiner Vita geschildert haben. Er hob Karls Sorge um die Kirche, den Papst und Rom als Grund für seinen letzten Rombesuch hervor. Der Kaisertitel soll ihm anfangs derart verhasst gewesen sein, dass er gesagt habe, er hätte die Kirche nicht betreten, wenn er gewusst hätte … Es läge nahe, wie bei der Erzählung des Abtes Richbot davon auszugehen, dass Einhard durch seinen Hinweis auf den Unwillen, den Karl angesichts der Krönung empfand, die Demut hervorheben wollte, mit der er dieses Amt auf sich genommen hat, für das er sich unwürdig schien, denn Einhard wollte Karl ja als Vorbild für künftige Herrscher darstellen.

Karl könnte etwas Derartiges sogar tatsächlich gesagt haben, denn ihm war dieses Ideal, hohe Ämter abzulehnen, bis man gezwungen wird, sie anzunehmen, gewiss nur allzu vertraut, hatte er sich doch vor dem Italienzug in Tours aufgehalten, der Wirkungsstätte des heiligen Martin, des fränkischen „Nationalheiligen“, den Chlodwig zum Schutzherrn der fränkischen Könige erhoben hatte. Martin hatte sich, und diese Geschichte kannte Karl mit Sicherheit, nach seiner Wahl zum Bischof von Tours in einen Gänsestall geflüchtet, weil er sich für unwürdig hielt, dieses hohe Amt anzunehmen. Geradezu mit Gewalt musste er nach der erfolgreichen Suchaktion gezwungen werden, das Amt anzunehmen. Auch wenn Karl das Kaisertum angestrebt und mit dem Papst darüber verhandelt haben sollte, war er daran interessiert, vor aller Welt den Schein zu wahren, um als würdiger Amtsinhaber dazustehen, der zwar völlig zu Recht erhoben wurde, da „maßgeschneidert“ für dieses Amt, sich aber dennoch demütig für unwürdig hält. Die Forschung ist allerdings andere Wege gegangen, sie hat Einhards Aussage nicht als bloßen Topos eingestuft, sondern für bare Münze genommen.

Einhards „Rätsel" für Historiker mit Nationalstolz

Weit über hundert Jahre dauert nun schon die Suche nach einer plausiblen Erklärung für Einhards Text, dass Karl trotz des hohen Feiertags die Peterskirche nicht betreten hätte, wenn er gewusst hätte, was ihm bevorstand. Im 19. Jahrhundert vermutete man, dass Karl die Art der Verleihung nicht gefallen habe, weil er das Kaisertum wie eine Wohltat, ein Lehen, vom Papst erhalten habe, wobei man auf die spätere Entwicklung hinwies, den Versuch der Päpste, ihre Oberhoheit aus dem Akt der Krönung abzuleiten.

Um den national geprägten Geist, aus dem heraus diese These entstanden ist, drastisch vor Augen zu führen, füge ich ein langes, aber äußerst bezeichnendes Zitat aus Engelbert Mühlbachers *Deutsche Geschichte unter den Karolingern* aus dem Jahre 1896 ein.[5] Es handelt sich dabei um einen Auszug aus einem Standardwerk eines der führenden deutschen Historiker seiner Zeit:

> Doch was war der Grund dieses „anfänglichen" Sträubens? Was bewog ihn, in der Kaiserkrone eine unwillkommene Gabe zu sehen? War sie ihm überhaupt oder nur gerade damals, in jenem Zeitpunkt unwillkommen? An Erklärungen dafür hat unsere gelehrte Litteratur erklecklichen Überschuß. „Was konnte", heißt es in der neuesten Bearbeitung (Felix Dahn, Urgeschichte der germanischen und romanischen Völker, S. 1080.) „der Umstand sein an jenem Vorgang, der Karl entrüstete? Juristisch beweisen wird es sich nicht lassen, aber die höchste Wahrscheinlichkeit spricht dafür: die Form, die Verleihung der Krone, als wäre sie ein Geschenk, eine Wohltat, ein Benefizium des

> Papstes an den rein passiv empfangenden König." Wen erinnert diese Deutung nicht an die geharnischte Zurückweisung eines Ausspruchs des Papstes, er habe dem Kaiser „das hehre Benefizium der Krone verliehen", durch Friedrich Barbarossa, an dessen Protest gegen das Gemälde im Lateran, das Lothar III. als Lehnsmann des Papstes darstellte? Es geschah dies 1158, als der Streit um das Eigenrecht des Kaisertums gegen die von Gregor VII. formulierten Oberhoheitsansprüche des Papsttums, die Frage um Staat und Kirche wieder entbrannte. [...] Ganz anders aber lagen die Verhältnisse vierthalb Jahrhunderte früher im Jahre 800; der Papst hülflos den eigenen Unterthanen gegenüber, auf seinem Stuhl nur gehalten durch den mächtigen König, bestrebt, diesen mit neuen Banden an seine Person und das Papsttum zu fesseln; die Kirche noch bescheiden im Rahmen des Staates, das Königtum in überragender Stellung in allen kirchlichen Fragen selbst der Lehre und Disziplin, das hülfsbedürftige Papsttum noch nicht identifiziert mit der Kirche, noch unbekannt mit den oberherrlichen Ansprüchen, welche erst eine spätere Zeit und die Schwäche der Reichsgewalt reifen sollten. Einem Karl dem Großen sollte ein Leo III. mit der Kaiserkrone ein Geschenk zu machen, eine Wohlthat zu erweisen die Absicht gehabt haben?

Diese Zeilen mögen genügen, um verständlich zu machen, mit wie viel nationalem Herzblut Geschichtsschreibung zu Ende des 19. und noch bis in die zweite Hälfte des 20. Jahrhunderts betrieben wurde, wie viel Zorn die Historiker denen entgegenbrachten, die Deutschland und seine Herrscher in ihrer „Ehre kränkten". Karl der Große war die Lichtgestalt, vor der der hilflose Papst das Knie beugen musste, den der hinterlistige Papst an sich zu fesseln suchte, um ihn seinen Interessen dienstbar zu machen. Karl war der Weitsichtige, der die Gefahr der Verleihung der Krone durch den Papst und vielleicht sogar die später daraus erwachsende Rivalität voraussah. Beweis für seine vorausschauende Politik schien, dass er seinem Sohn Ludwig, als er diesen 813 in der Aachener Pfalzkapelle zum Mitkaiser erhob, befahl, eine goldene Krone vom Altar zu nehmen und sie sich selbst aufs Haupt zu setzen, also eine Selbstkrönung ohne Papst zu vollziehen.

Diese Sichtweise der Kaiserkrönung entsprang also gesteigertem Nationalbewusstsein, und sie blieb in den darauffolgenden fünf und mehr Jahrzehnten, um ein oder den anderen Aspekt erweitert, Standardwissen über die Kaiserkrönung Karls des Großen, selbst in Ansehung der Tatsache, dass Ludwig durch seinen Vater ja nur zum Mitkaiser erhoben wurde und sich nach des Vaters Tod bei nächster Gelegenheit vom Papst krönen ließ. National gesinnte Historiker haben ihm das natürlich als Schwäche ausgelegt.

Widerlegt ist diese These bis heute nicht und erscheint noch heute gar manchem Historiker plausibel,[6] wenngleich sich mittlerweile die These durchgesetzt hat, dass ihn die hervorgehobene Rolle der Römer gestört habe. Rudolf Schieffer z. B., einer der führenden Fachleute für die Karolingerzeit, bewertet das Diktum Einhards basierend auf zahlloser und gewichtiger älterer Forschung im ausdrücklich geäußerten Bewusstsein, dass es sich um eine Spekulation handelt, folgendermaßen:

> Da aber auch die bagatellisierende Deutung seiner [Einhards] Worte als bloße Demutsformel nicht befriedigt, muss angenommen werden, dass sich die Zeremonie nicht so abspielte, wie Karl sie sich gewünscht hätte. Gestört haben

> mag ihn die hervorgehobene Rolle „der Römer“, denn sie ließ Spannungen mit dem Römerreich des Ostens erwarten und drohte den führenden Rang des Frankenvolkes zu mindern, dessen König Karl war und das sich den Römern weit überlegen fühlte.[7]

Erste Zweifel an dieser Deutung kommen auf, bedenkt man, dass Einhard wenige Zeilen zuvor geschrieben hat, Karl habe während seiner gesamten Regierungszeit nichts so sehr am Herzen gelegen wie der Wunsch, Rom wieder altes Ansehen zu verleihen und die Kirche des heiligen Petrus durch eigene Mittel derart zu verschönern, dass sie unter allen Kirchen hervorrage.

Es kommt hinzu, dass Karl gewiss mit einem großen Gefolge an geistlichen und weltlichen Großen die Messe besucht hat, dass ihm also beileibe nicht nur Römer zugejubelt haben. Dass der Fortsetzer des *Liber Pontificalis* irgendwann einmal schreiben würde, die „gläubigen und getreuen Römer“ hätten ihm zugejubelt und ihn dadurch zum Kaiser erhoben, konnte er zum Zeitpunkt der Krönung nicht wissen, hat es vermutlich nie in seinem Leben erfahren. Für den Autor der Reichsannalen war es anscheinend selbstverständlich, dass die Römer jubelten, denn Karl übernahm ja durch diese Krönung die Herrschaft über sie. Er fand das nicht befremdend, zumal ja Karl schon während seines Einzuges in Rom bejubelt worden war. Tatsächlich dürften in St. Peter Römer, Franken, Langobarden, Bayern und andere Stammesgenossen gejubelt haben, sowohl Römer als auch Karls Gefolge. Dass die beiden Geschichtsschreiber nur die Römer genannt haben, hängt damit zusammen, dass sich ja nur die Römer einen neuen Herrscher gesetzt hatten.

Die Zeremonie unterschied sich nicht grundsätzlich von Königserhebungen: Wurde ein Frankenkönig erhoben, taten die Franken lärmend ihre Zustimmung kund, eventuell anwesende Schwaben oder Bayern wurden in den erzählenden Quellen nicht eigens aufgeführt. Haben bei Karls Krönung zum Langobardenkönig nur die Langobarden gelärmt oder auch Franken, Bayern und die sonstige zuverlässige Gefolgschaft, auf die Karl bei der Zeremonie gewiss nicht verzichtet haben dürfte? In St. Peter wurde die Zustimmung zur Kaisererhebung sicher viel zivilisierter vorgetragen als bei einer fränkischen Königserhebung, vermutlich waren zuvor Lobgesänge, die sogenannten Herrscherlaudes, eingeübt worden. Doch sollte sich Karl wirklich an dieser Ehrbezeugung gestoßen haben?

Matthias Becher interpretiert Einhards Diktum anders:

> Zudem könnte der an antiken Bildungsidealen geschulte Einhard eine wichtige, nach den Lehren der Rhetorik und dem Vorbild antiker römischer Cäsaren gebotene Verhaltensweise seines Helden vermisst haben: die mit publikumswirksamer Geste der Bescheidenheit vorgebrachte Ablehnung der ihm angetragenen hohen Würde. Vielleicht hat sich Einhard also nur bemüßigt gefühlt, dieses Manko im Nachhinein auszugleichen.[8]

Letztlich lässt sich das Problem, ein „Dauerbrenner“der Forschung, nicht mit Sicherheit klären. Einhard hat sein kleines Geheimnis mit ins Grab genommen und wird sich vermutlich zusammen mit Karl im Jenseits über unsere mehr oder weniger feinsinnigen Interpretationsbemühungen köstlich amüsieren, denn allen Thesen ist eines gemeinsam: Die Autoren versetzen sich mit ihrem ganz anderen Erfahrungshorizont und Bewusstsein in die Situation Karls des Großen bzw. der Geschichtsschreiber und erzählen uns, woran sie Anstoß genommen hätten, wären sie Karl gewesen oder welche Hintergedanken sie gehabt hätten, hätten sie das geschrieben, was die Geschichtsschreiber geschrieben haben. Es interessiert nicht mehr, was in der jeweiligen Quelle zu lesen ist, sondern das, was der Autor nach Meinung des jeweiligen Historikers eigentlich hatte zum Ausdruck bringen wollen.

Zurück zu den Quellen

Wagen wir den Versuch, die Aussagen der mittelalterlichen Autoren ernst zu nehmen: Kein einziger Geschichtsschreiber berichtet, Karl sei mit der Intention nach Rom gezogen, die Kaiserkrone zu gewinnen, doch geht man in der Forschung davon aus, dass er sie zweifellos angestrebt hat, wofür ja sein Bemühen spricht, mit dem byzantinischen Kaiser auf gleiche Augenhöhe zu kommen. Außerdem haben alle seine Nachfolger diesen Titel angestrebt, wieso nicht schon er? Matthias Becher[9] und andere gehen sogar davon aus, dass der Papst dem Frankenkönig schon in Paderborn die Kaiserkrönung in Aussicht gestellt hat, um ihn zu einem Eingreifen gegen seine Widersacher in Rom zu bewegen. Karl hätte sich also über ein Jahr auf die Veränderungen vorbereiten können, die ihn erwarteten. Verwundert reibt man sich die Augen, liest man in einer Urkunde vom 5. März 801 im Protokoll folgenden Titel: Karl, von Gottes Gnaden König der Franken und Langobarden und *patricius* der Römer.

Der Herausgeber der Urkunde begründet den Gebrauch des alten Titels damit, dass das neue Protokoll für Kaiserurkunden noch nicht zur Verfügung stand. Aus diesem Grund erfolgte auch die Datierung noch nach den Jahren als König der Franken und der Langobarden und nicht nach dem ersten Regierungsjahr als Kaiser oder wie in einem Gesetzestext nach seinem ersten Konsulatsjahr. Wenn Karl wirklich so erpicht auf den Kaisertitel gewesen wäre, hätte er sich doch sofort mit ihm geschmückt, nicht erst fünf Monate später in einer Urkunde vom 29. Mai 801 – es ist die nächste überlieferte Urkunde. Dass die doch recht effiziente Kanzlei es in über einem Jahr nicht geschafft haben sollte, zumindest ein vorläufiges Urkundenformular für Kaiserurkunden zu entwickeln, scheint geradezu unmöglich. Allzu vorbereitet hat Karl die Kaiserkrönung denn doch nicht getroffen.

Angesichts der langen Kaisertradition gehen wir wie selbstverständlich davon aus, auch Karl habe das Kaisertum angestrebt, ja womöglich sogar das Attentat auf Leo in Auftrag gegeben, um diesen zu zwingen, ihn zum Kaiser zu krönen.[10] Unser Bild vom mittelalterlichen Kaisertum ist geprägt von Herrschergestalten wie Karl dem Großen, Otto dem Großen oder Friedrich Barbarossa, von Idealisierungen, wie wir sie bei Dante oder Petrarca finden, vom Stolz des 19. Jahrhunderts auf die alte Kaisertradition, in die sich nicht nur der österreichisch-ungarische und der deutsche Kaiser, sondern sogar Napoleon stellten. Karls Bild von der Kaisertradition, geprägt von den fränkischen Geschichtsschreibern, sah vermutlich (wie angesprochen) anders aus: eine Reihe von Versagern und Verbrechern. Nicht an die Tradition des antiken Kaisertums hatten Karl und seine Berater grundsätzlich angeknüpft, sondern an die des alttestamentarischen Königtums – Konstantin der Große, gleich den alttestamentarischen Königen von Gott durch Zeichen und Wunder gelenkt, stellte angesichts seiner Bedeutung für das Christentum eine Ausnahme dar.

Weshalb sollte Karl nicht im ersten Augenblick verärgert über die Kaiserkrönung gewesen sein, griff sie doch tief in sein fest gefügtes, am alten Testament orientiertes Herrschaftsverständnis ein, das ihn über alle anderen Könige erhob? Hatte er sich nicht bereits auf gleicher Augenhöhe mit dem Kaiser gefühlt oder gar diesem überlegen, als er in den Bilderstreit eingriff? War er nicht diejenige der drei höchsten Gewalten, die Alkuin angesichts der Krise in Rom zur Beseitigung der Missstände aufgefordert hatte?

Dass einen selbstbewussten fränkischen König, ja sogar einen Hausmeier ein römischer Amtstitel nicht verlockte, zeigt das Verhalten seiner Vorfahren: Pippin hat den *patricius Romanorum* seinem offiziellen Titel nicht beigefügt, Karl Martell ist erst gar nicht nach Italien gezogen, um römische Ehren zu gewinnen. Karl der Große hat sich allerdings mit dem Titel des *patricius Romanorum* geschmückt und letztlich auch den des Kaisers akzeptiert und vielfältigen Nutzen aus ihm gezogen. Ob er ihn in seinem tiefsten Inneren tatsächlich angestrebt hat, wie erst die Geschichtswissenschaftler seit dem 19. Jahrhundert vermuteten, weiß nur er selbst, Karls Vertrauter Einhard und andere Zeitgenossen gehen nicht davon aus. Noch Notker der Stammler berichtet über 80 Jahre nach dem Geschehen in seiner etwas verworrenen Beschreibung der Taten Karls des Großen:

> Als er aber dort [in Rom] einige Tage blieb, um sein Heer in Ordnung zu bringen, berief der apostolische Bischof aus der Nachbarschaft zusammen, so viele er konnte, und vor ihnen und vor den unbesiegbaren Begleitern des ruhmreichen Karl rief er diesen, der nichts weniger vermutete, zum Kaiser und Beschützer der römischen Kirche aus. Ablehnen konnte es dieser nicht, da er es für eine göttliche Fügung hielt. Doch nahm er es nicht gerne an, weil er dachte, die Griechen würden, von noch heftigerem Neid entflammte, etwas zum Schaden des Frankenreichs ins Werk setzen […][11]

Karl und das Weltenende

Es wäre sogar denkbar, dass die Angst vor dem Ende der Welt die Kaiserkrönung befördert haben könnte, denn nach der Chronologie des Eusebius von Caesarea war Jesus 5200 Jahre nach der Erschaffung der Welt geboren worden, sodass mit dem Jahr 800 nach Christi Geburt genau 6000 Jahre seit Erschaffung der Welt vergangen waren. Das bedeutete aber nichts anderes als den Abschluss des sechsten Weltalters, auf das nur noch die Ewigkeit, der Weltensabbat, folgen sollte. Für diese Phase war ein rettender Herrscher, ein König der Römer, angekündigt, der alle Feinde Christi bezwingen und sich dann in Jerusalem niederlassen würde.

So unrealistisch das für uns klingen mag, ist doch festzustellen, dass am 23. Dezember Zacharias mit den Gesandten des Patriarchen von Jerusalem, den Schlüsseln zum Heiligen Grab, zum Kalvarienberg und Berg Sion sowie einer Fahne der Stadt Jerusalem eintraf. Hatte Karl ihn vielleicht höchstpersönlich damit beauftragt, wenige Tage vor dem Ende der Welt zu deren Rettung in Rom einzutreffen, zumindest vorsichtshalber für den Fall, dass ihn der Papst nicht sowieso krönen würde? Zumindest dürfte ihr Auftreten in Rom sehr spektakulär gewesen sein, wurde doch Karl symbolisch zum Herrn dieser heilsgeschichtlich einzigartigen Stätten erhoben.

Man sollte sich hüten, diese Theorie als bloßen Humbug abzutun. Derartige Weissagungen beeindruckten damals die Menschen ungleich mehr als heute. Alkuin hat in mehreren seiner Briefe mitgeteilt, dass er gewisse Ereignisse als Vorzeichen für das baldige Weltenende ansehe.[12]

Veränderungen und Konflikte: Rückgriff auf kaiserliche Traditionen

Die Kaiserkrönung hatte vielfache Auswirkungen, angefangen beim neuen Titel über eine veränderte Rechtssituation bis hin zu Streitigkeiten mit dem Basileus in Konstantinopel, der ja Anspruch auf diesen einzigartigen Titel erhob. Könige nannten sich selbst die Beherrscher recht kleiner Reiche auf der britischen Insel, doch hatte es seit Jahrhunderten stets nur einen Nachfolger Caesars und Augustus' gegeben, Karl hatte nicht nur gegenüber Byzanz dringenden Legitimationsbedarf, wollte er nicht in den Geruch eines Usurpators kommen. Vor den Ereignissen von Rom hatte er sich in die prestigeträchtige Tradition der alttestamentarischen Könige, der Merowinger, der Römer und durch den Bau der Pfalzkapelle in Aachen nach byzantinischem Vorbild sogar der byzantinischen Herrscher gestellt, danach auch noch in die des Ostgotenkönigs Theoderichs des Großen, dessen Reiterstatue er nach Aachen bringen ließ. Die neue Würde verlangte nach mehr Legitimation.

Die schwierige Kreation eines neuen Titels

Bis weit in die Neuzeit gaben Titel nicht die realen Machtverhältnisse sondern die Rechtsansprüche wieder, seien sie nun realisierbar oder nicht. Ähnlich wie der byzantinische Kaiser im Titel Anspruch auf die Herrschaft über Rom erhob, bean-

Der Thron Karls des Großen in der Aachener Pfalzkapelle, zu dem nach dem Vorbild von Salomons Thron sechs Stufen hinaufführen.

spruchten im Spätmittelalter die Nachkommen Karls von Anjou den Titel eines Königs von Jerusalem. Es gab sogar Bistümer, die nur dem Titel nach Bistum waren.

Allein schon die Kreation eines neuen Titels stellte eine Herausforderung für den Kaiser und seine Berater dar und dauerte anscheinend Monate. Natürlich überragte der Kaisertitel aufgrund seiner Tradition alle anderen – alttestamentarischer König oder David konnte man ja Karl in offiziellen Dokumenten unmöglich nennen. Die römischen Kaiser hatten sich *Imperator Caesar Augustus* genannt. Sollte Karl, der stolze König der Franken und Langobarden, sich damit begnügen? Leitete er nicht seine Herrschaft über das Franken- und Langobardenreich aus seinen Königstiteln ab? In großen Teilen seines Reiches rechts des Rheins hatte immerhin nie ein Kaiser irgendwelche Rechtsansprüche erhoben. Karl konnte diese Titel nicht ohne Einbußen an Herrschaftslegitimation weglassen. Der Kaisertitel ersetzte nur den des *patricius*, weshalb die Reichsannalen berichteten, er hätte den Titel eines Kaisers und Augustus unter Weglassung des Patriciustitels angenommen.

Der byzantinische Kaiser, der Basileus, wurde als Fortsetzer der römischen Kaisertradition in literarischen Werken Kaiser der Römer genannt, ohne dass in Gesetzen, Urkunden- oder Briefformularen Bezug auf Rom genommen worden wäre. Karl, obwohl Herrscher über die Römer, nannte sich in seinen Urkunden ebenfalls nicht Kaiser der Römer, seine Kanzlei fand folgenden Titel: *Karolus serenissimus augustus a deo coronatus magnus pacificus imperator Romanorum gubernans imperium, qui et per misericordiam dei rex Francorum atque Langobardorum* (Karl, strahlendster Augustus, von Gott gekrönter großer, Frieden bringender Imperator, der das Reich der Römer lenkt, der auch durch Gottes Erbarmen König der Franken und Langobarden ist).

Im Vordergrund steht der Kaisertitel, der jedoch nicht unmittelbar mit einem Herrschaftsbereich verbunden ist. Es folgen die Karl unterworfenen „Reiche", allen voran das *Imperium* der Römer, nachgeordnet die Königreiche der Franken und Langobarden. An der Titelwahl waren wohl weder der Papst noch einflussreiche Römer beteiligt, sondern Karls vertraute Berater und Mitglieder seiner Kanzlei. Ihnen galt das *Imperium* der Römer als der vornehmste Herrschaftsbereich des Kaisers, dem die Königreiche nachgeordnet waren.

Was Urkunden- und Briefformulare anging, orientierte sich Karls Kanzlei an dem Beispiel der byzantinischen Kaiser, berechnete das Jahr nach dem Kaiserjahr und der Indiktion. Eingeleitet wurden die Urkunden nach byzantinischem Vorbild nun nicht mehr nur mit dem Chrysmon, dem Zeichen für Christus, sondern auch durch die Anrufung der heiligen Dreifaltigkeit: „Im Namen des Vaters, des Sohnes und des Heiligen Geistes."

Ebenfalls die päpstliche Kanzlei zog Konsequenzen aus der Kaiserkrönung und führte die Datierung nach Kaiserjahren in ihren Urkunden und Briefen wieder ein. Briefe an Karl richteten sich nach dem Muster, das das päpstliche Formularbuch, der *Liber diurnus*, für Schreiben an den Kaiser bereithielt. Papst

Indiktion

Bei der Jahresrechnung nach der Indiktion handelt es sich um die Jahresangabe innerhalb eines 15-jährigen Zyklus, wobei die Zahl des Zyklus nicht genannt wurde. Eingeführt hat diese Jahresberechnung Kaiser Konstantin im Jahr 312, endgültig festgelegt hat sie Justinian im Jahre 537 vermutlich aus Gründen der Steuer- und Finanzbuchhaltung. Berechnet wird sie nach folgender Formel: Inkarnationsjahr + 3 geteilt durch 15. Der verbleibende Rest ist die Indiktionszahl.

Leo stellte sich damit zumindest formell in die Tradition des Verhältnisses der Päpste zu den byzantinischen Kaisern, das, wie wir gesehen haben, recht zwiespältig war, insofern beide zumindest theoretisch die höhere Würde für sich beansprucht hatten.

Münzen, Siegel und Bullen

Welche Vorstellungen Karl mit seiner neuen Würde verband, zeigen seine Münzen und Siegel. Er hatte die Bemühungen seines Vaters zum Abschluss gebracht, ein staatliches Münzmonopol durchzusetzen und damit seine königliche Autorität für alle sichtbar demonstriert – Geld ging von Hand zu Hand, auch wenn noch der überwiegende Teil des lokalen Handels durch Naturalientausch und ungemünztes Edelmetall abgewickelt wurde. Karls Münzen wurden wegen ihrer Wertbeständigkeit derart erfolgreich, dass sie auch die Münzprägung in Venedig, Rom und Benevent beeinflussten.

In Rom ließ Leo III. nach der Kaiserkrönung Denare prägen, die auf der einen Seite den Namen Karls mit dem Kaisertitel und auf der anderen sein eigenes Monogramm und *SCS* (Sanctus *Petrus*) zeigten. Diese Münzen demonstrierten die gemeinsame und einträchtige Herrschaft über Rom. Die Münzprägung und das Münzbild wurde als Ausdruck politischer Hoheit und Überordnung derart hoch eingeschätzt, dass Karl Grimoald von Benevent erst aus der Geiselhaft entließ (nach 788), nachdem er sich verpflichtet hatte, das Monogramm des fränkischen Königs auf seine Münzen schlagen und auf seine Urkunden zeichnen zu lassen.

Ab 793 trugen Karls Münzen auf der Vorderseite üblicherweise das königliche Monogramm, das alle Buchstaben des Namens Karolus in einem Zeichen vereinte. Hauptsächlich aus Prestigegründen wurden sogar vereinzelt Goldmünzen ge-

Münze Karls des Großen

prägt, die allenfalls im Fernhandel praktisch eingesetzt werden konnten, weil ihr Wert den der üblichen Konsumgüter weit überschritt. Nach der Kaiserkrönung wurden Karls Münzen nach dem Vorbild derer geprägt, die Konstantin der Große schlagen ließ. Karl ist im Profil dargestellt, mit Lorbeerkranz auf dem Kopf und dem auf der Schulter durch eine Fibel zusammengehaltenen Feldherrenmantel (*paludamentum*).

Mehr noch enthüllt Karls Kaiserbulle des Jahres 803 seine Vorstellungen von seinem Amt: Die Vorderseite zeigt frontal Karls bekrönte Büste. Seine linke Hand fasst sowohl Schild als auch Speer, was äußerst ungewöhnlich ist. Die rechte Hand ist erstaunlicherweise gar nicht dargestellt. Das Rätsel

Silbermedaillon Konstantins des Großen

der ungewöhnlichen Darstellung löst sich einfach: Vorbild war ein Silbermedaillon Konstantins des Großen, das drei Jahre nach Konstantins Sieg an der Milvischen Brücke, also 315, gefertigt wurde.

Es zeigt eine Frontalansicht Konstantins, dessen Helm das Christusmonogramm ziert. Mit der Rechten hält der Kaiser sein Pferd, mit der Linken Speer und Schild. Ein zusätzliches Indiz dafür, dass dieses Medaillon nachgeahmt wurde, liefert die Größe der Kaiserbulle von 2,4 cm Durchmesser, die der des Medaillons entspricht, während die Königsbulle wesentlich größer war. Die Rückseite der Bulle zeigt ein Tor, das durch die Unterschrift ROMA als Sinnbild Roms gekennzeichnet ist. Die Um-

schrift lautet RENOVATIO ROMAN(i) IMP(erii) (Erneuerung des römischen Reiches).

Mit dieser Kaiserbulle wollte Karl zum Ausdruck bringen, dass er das Römische Reich Konstantins erneuern wollte, dass er, der Frankenkönig, die Tradition des Kaisers fortsetzen wollte, der dem Christentum zum Durchbruch verholfen und der römischen Kirche durch sein Privileg die Position innerhalb der Christenheit verschafft hatte, die sie jetzt für sich beanspruchte. Die Umschrift zeigt zudem, dass er auch die Herrschaftsansprüche Kaiser Konstantins für sich reklamierte. Er begann damit wenige Tage nach seiner Kaiserkrönung, indem er die Attentäter gegen Leo III. nach Kaiserrecht verurteilte.

Bullen

Als Bullen bezeichnete man im Mittelalter Metallsiegel aus Blei, Silber oder Gold. Letztere wurden nur für ganz besonders bedeutende Urkunden oder Gesetze verwandt, die danach auch als Goldene Bulle bezeichnet werden, wie jene berühmte Kaiser Karls IV. von 1355/56, die unter anderem die Wahl des römischen Königs regelte und lange als das „Grundgesetz" des Römischen Reiches und Deutschlands galt.

Kaiserrecht im Frankenreich

Anlässlich des Prozesses gegen die Verschwörer hat Karl zum ersten Mal in Rom Recht gesprochen, zuvor hatte er stets die Rechtshoheit des Herren von Rom respektiert. Wer aber war die höchste Rechtsinstanz in Rom? Leos Vorgänger, Hadrian I., hatte sich an den Kaiserhof in Byzanz gewandt, als er gegen Aufrührer vorgehen wollte, er anerkannte die kaiserliche Suprematie in Rechtsfragen. Diese war nun auf Karl den Großen übergegangen.

Nun könnte man meinen, Karl habe das Kaiserrecht nur auf römischem Gebiet zur Geltung gebracht und die anderen Teile unverändert nach ihrem Recht weiterleben lassen, da unter seiner Herrschaft jeder Volksstamm nach seinem Recht leben durfte. Weit gefehlt: Karl hatte schon als König durch seine Gesetzgebung versucht, die mehr oder weniger archaische Gesellschaft zu zivilisieren und in eine den Normen des Gesetzes und der Religion unterworfene Gesellschaft umzugestalten, die auch den Schwachen Schutz bot. Diese Position als Gesetzgeber baute Karl noch weiter aus. 801 erließ er in Pavia das „Italienische Kapitular", mit dem er alles, was die Rechtsunsicherheit förderte, abstellen und all das, was seine Vorgänger, die langobardischen Könige, übersehen hatten, ergänzen wollte. Beabsichtigt war, dass das Recht nicht mehr dem Gutdünken irgendwelcher Richter, sondern der Satzung „unserer königlichen Hoheit" unterworfen sein sollte. In diesem Fall handelte er in seiner Eigenschaft als König der Langobarden oder besser seines Herrschaftsbereiches Italien, in dem ja Angehörige mehrerer Stämme, angefangen von den Römern über Goten und Langobarden bis hin zu Franken, Bayern und Alemannen, zusammenlebten.

Neben anderen Bestimmungen findet sich im „Italienischen Kapitular" auch die über Deserteure, die ohne Befehl oder Erlaubnis das Heer verlassen. Ihnen drohte als „Majestätsverbrechern“ die Todesstrafe und der Einzug ihres Vermögens zugunsten des Fiskus analog zum römischen Kaiserrecht. In den Volksrechten hingegen war für Freie weder die Todesstrafe noch der Einzug der Güter vorgesehen. Ganz in römischer Tradition wollte Karl als kaiserliche Hoheit Ursprung und Hüter des Rechtes sein, auch wenn in diesem Kapitular noch von seiner „königlichen Hoheit“ die Rede war.

Möglicherweise wurde das Gesetz im Bewusstsein abgefasst, dass er in diesem Augenblick in seiner Eigenschaft als König der Langobarden handelte, auch wenn im Protokoll des Kapitulars nur der Kaisertitel, nicht aber wie ansonsten in Urkunden die Königstitel aufgeführt wurden: *Karolus divino nutu coronatus, romanum regens imperium, serenissimus augustus, omnibus ducibus, comitibus, gastaldis seu cunctis rei publicae per provincias Italiae a nostra mansuetudine propositis. Anno ab incarnatione domini nostri Iesu Christi DCCCI, indictione nona, anno vero regni nostri in Frantia XXXIII, in Italia XXVIII, consulatus nostri autem primo.* (Karl, durch göttlichen Willen gekrönt, das Römische Reich regierend, strahlender Kaiser, allen Herzögen, Grafen, Gastalden [= Vertreter des Königs und Verwalter der Krongüter] sowie allen übrigen, die durch unsere Milde dem Gemeinwesen in den Provinzen Italiens vorangestellt sind. Im Jahre seit der Menschwerdung unseres Herrn Jesus Christus 801, in der neunten Indiktion, im 33. Jahr unserer Königsherrschaft im Frankenreich, im 28. in Italien, und im ersten unseres Konsulates).

Interessant ist, dass in der Datierung nicht wie in seinen Urkunden nach seinem ersten Kaiserjahr, sondern dem ersten Konsulatsjahr datiert wurde, womit er die römische Tradition aufgriff, dass ein Kaiser gleichzeitig Konsul war. Ebenso bemerkenswert ist, dass ganz ungewöhnlicherweise von *res publica per provincias Italiae* (Gemeinwesen der italienischen Provinzen) anstatt von *regnum* (Reich) die Rede ist, denn das *Imperium* Roms war ja aus der *res publica Romana* hervorgegangen. Auch damit stellte er sich und seine Herrschaft ganz eindeutig in die antike römische Tradition. Gemeinwesen nannte sich das alte und aus Tradition auch noch das kaiserliche Rom, weil die Entscheidungen ursprünglich vom Senat und Volk von Rom getroffen wurden, von Senatus Populusque Romanorum, abgekürzt SPQR, das noch heute Symbol für die Gemeinde von Rom ist.

Auf den kaiserlichen „Beamtenstaat" weist hin, dass alle Ämter, sogar das des Herzogs, als durch kaiserliche Milde vergeben angesehen werden. Wie sich diese Formulierung mit dem Selbstverständnis der höheren Amtsträger vertrug, steht auf einem anderen Blatt, doch hatte Karl die politische Landschaft Italiens völlig neu gestaltet, hatte Herzogtümer zerschlagen und Adlige aus seinem Reich jenseits der Alpen zu Amtsträgern gemacht, sodass diese Formulierung ganz und gar nicht fern der Realität lag. Der große Unterschied zu den römischen Beamten war der, dass Karls Amtsträger nicht auf eine bestimmte Zeit amtierten und ein festes Gehalt erhielten, sondern seine Lehnsleute waren.

Ebenso deutlich zeigt sich der Wandel in Karls Selbstbewusstsein als Herrscher Anfang 802 jenseits der Alpen. Karl forderte unter dem Titel eines *imperator christianissimus*, eines allerchristlichsten Kaisers, einen neuen allgemeinen Treueid auf das *nomen Caesaris*, den Namen bzw. Titel des Kaisers:

> Er schreibt vor, dass alle Menschen in seinem gesamten Reich, seien es nun Geistliche oder Laien, jeder nach seinem Gelöbnis, den auf den Titel des Königs geleisteten Treueid nun auf den Titel des Kaisers wiederholt.

In den Eid aufgenommen, damit durch die kaiserliche Autorität geschützt, waren unter anderem der Schutz der Kirchen, Witwen und Waisen, die Heiligung des Sonntags und die Einhaltung der Zehn Gebote. Damit betonte er den christlichen Charakter seines Kaisertums, die Nichteinhaltung der Zehn Gebote kam einem Majestätsverbrechen gleich. Bezeichnend dafür ist das fünfte Kapitel:

> Dass es keiner wage, den heiligen Kirchen Gottes, und auch nicht den Witwen, Waisen und Pilgern durch Betrug, Raub oder Ähnliches etwas anzutun, weil der Herr Kaiser selbst nach dem Herrgott und seinen Heiligen als deren Beschützer und Verteidiger eingesetzt ist.[1]

Karl agiert gleichsam als Stellvertreter Gottes und seiner Heiligen, was ihn doch sehr von dem unterscheidet, was er über die Kaiser aus den fränkischen Geschichtsbüchern erfahren hatte. Er ist gleichsam legitimiert durch Stellvertreterschaft Gottes. Bekannt gemacht und durchgesetzt wurde dieses Gesetz im ganzen Reich durch Königsboten. Eingeleitet hatte Karl die „Zentralisierung" der Herrschaft nach dem Vorbild des Römischen Reiches längst vor seiner Kaiserkrönung durch die Einsetzung von Königsboten und die Zerschlagung der letzten noch verbliebenen Stammesherzogtümer, denn deren Herren hatten eine vom Königtum allzu unabhängige Politik betrieben. Diesen Herzögen alten Schlages wäre es gewiss nicht in den Sinn gekommen, ihr Amt als „durch königliche Milde verliehen" anzusehen, wie im Kapitular für Italien ausdrücklich betont.

Das Zweikaiserproblem

Die Kaiserkrönung konfrontierte Karl mit einem außenpolitischen Problem: der Auseinandersetzung mit den Byzantinern.

Diese hielten ihn für einen Usurpator und die Kaiserkrönung für eine barbarische Anmaßung, wie der Bericht des Theophanes Confessor über Karls „Ganzkörpersalbung" nahelegt. Kaiserin Irene schickte Karl eine Gesandtschaft, die er 802 erwiderte. Um diese Gesandtschaft rankt sich das Gerücht, Irene habe angeboten, Karl zu heiraten, um alle Probleme aus der Welt zu schaffen. Allerdings wird diese Nachricht, die sich nur in einer zeitgenössischen byzantinischen Quelle findet, in der Forschung für unglaubwürdig gehalten.

Gegen Irene wurde Ende 802 geputscht und Nikephoros I. (802–811) beendete die vermeintliche Vakanz des Kaiserthrones. Seine Gesandten trafen im Sommer 803 vermutlich mit einer „Protestnote" in Salz an der Saale ein, konnten Karl aber nicht zum Verzicht auf den Kaisertitel bewegen, was zum Abbruch der Verhandlungen führte. Diese wurden erst 810 zur Beilegung verschiedener kleinerer militärischer Auseinandersetzungen im Adriaraum wieder aufgenommen, zumal das byzantinische Reich auf dem Balkan von den Bulgaren bedroht wurde, gegen die Nikephoros 811 fiel. Sein Nachfolger Michael I. (811–813) brachte die Verhandlungen zum Abschluss. Seine Bevollmächtigten honorierten 812 in Aachen Karls Verzicht auf Venetien mit der Anerkennung als Kaiser. Diese betraf jedoch nur die Gleichheit im Kaisertum, nicht aber im Römertum. Der de facto Herr von Rom verzichtete auf jeglichen Bezug auf Rom in seinem Kaisertitel, während man in Konstantinopel den zuvor nur literarischen gebrauchten Titel „Kaiser der Römer" erst jetzt demonstrativ in offiziellen Schriftstücken verwandte. Karls Titel veränderte sich durch diese Vereinbarung nicht, er hatte ja schon vorher den Kaisertitel vom Herrschaftsbereich abgekoppelt.

Die „Spätfolgen" der Kaiserkrönung: Der Streit um die Vorherrschaft

Die Kaiserkrönung und die Errichtung eines westlichen Kaisertums überhaupt haben Nachwirkungen bis ins 20. Jahrhundert gehabt, insofern sich zumindest österreichische und deutsche Kaiser auf diese Tradition beriefen. Doch was hat diese Krönung Europa ganz konkret beschert? Unter anderem Streit und Rivalität, und das in verschiedenen Richtungen: Einerseits wurzelte in dieser Krönung der jahrhundertelange Streit zwischen Kaisertum und Papsttum, denn aus dem Recht, den Kaiser zu krönen, das Papst Leo III. sich quasi gegen die byzantinische Tradition angemaßt hatte, haben spätere Päpste ihre Oberhoheit abgeleitet: einerseits, weil derjenige, der krönt, auch das Recht der Auswahl haben muss, wie es 1202 Papst Innozenz III. in einem Dekret über die Königswahl offen ausgesprochen hat, andererseits, weil Päpste das Recht beanspruchten, das Kaiserreich auch auf ein anderes Reich zu übertragen.

Das Kaisertum hat auch zu einer Rivalität zwischen Deutschen und Franzosen geführt, die mit der Idee der Überordnung des Kaisers über andere Herrscher zusammenhängt. Heinrich VII. hat im 14. Jahrhundert diese Superiorität gegenüber dem französischen König hervorgekehrt und damit größte Missstimmung hervorgerufen. Diese Rivalität hat mit Karl dem Großen insofern zu tun, als er Franke war und unter dem Kaisertitel über beide Nachfolgereiche herrschte. Wie sehr sich die Franzosen als Nachfolger Karls fühlten, hat Napoleon gezeigt, der sich angesichts seiner militärischen Erfolge zum Kaiser krönen ließ.

All diese Entwicklungen erahnte Karl der Große nicht, auch wenn so mancher Historiker es seinem Weitblick zuschrieb, dass er seinen Sohn Ludwig sich selbst krönen ließ – auch Napoleon hat sich die Krone in Anwesenheit des Papstes selbst aufs Haupt gedrückt. Ludwig ließ seine Kaiserkrönung freilich bei günstiger Gelegenheit vom Papst wiederholen.

Gleiches tat sein 817 vom Vater gekrönter Sohn Lothar – die Kaiserkrönung durch den Papst wurde Tradition und band das Kaiserreich für Jahrhunderte unlösbar an das Papsttum. Selbst Ludwig der Bayer, der sich 1328 von Vertretern des römischen Volkes hatte krönen lassen, weil der Papst ihn nie und nimmer gekrönt hätte, hat sich von dem Gegenpapst, den er selbst eingesetzt hatte, in St. Peter krönen lassen, nachdem er den in Avignon residierenden Papst aus der Ferne abgesetzt hatte, der ihn Jahre zuvor exkommuniziert hatte.

Nach Ludwig dem Frommen gab es keinen Herrscher mehr, der als Herr des gesamten Karlsreiches eine annähernd vergleichbare hegemoniale Stellung in Europa eingenommen hätte wie Karl der Große. Durch die Kriege der Söhne Ludwigs gegen ihren Vater und untereinander zerfiel das Frankenreich, der „Name des Kaisers“ verlor seinen realen Hintergrund, die Päpste vereinnahmten das Kaisertum und vergaben es an den König, der gerade Italien beherrschte, zum Beispiel an Berengar I. von Italien, mit dessen Tod (924) das westliche Kaisertum vorübergehend erlosch.

Der Neubeginn mit der Kaiserkrönung Ottos des Großen (962) ergab sich erneut aus dessen hegemonialer Stellung, einem „imperialen Königtum“. Der Sieg über die Ungarn auf dem Lechfeld (955) verlieh Otto gleich Karl den Ruhm eines „Heidenbezwingers“. Wie Karl wurde auch Otto vom Papst zur Hilfe gerufen, der von König Berengar II. von Italien und dessen Sohn Adalbert bedrängt wurde, die ihr Reich von Otto hatten zu Lehen nehmen müssen. Seit Otto war das Kaisertum mit Deutschland und Italien, seit dem ersten salischen Kaiser, Konrad II. (1024–1039), noch dazu mit Burgund (1033) verbunden. Der in Deutschland von Deutschen erhobene König nannte sich seit Ottos des Großen Enkel, Otto III., offiziell König der Römer und erhob ganz selbstverständlich Anspruch auf die Kaiserkrönung.

Ein grundsätzlicher Unterschied zwischen dem Kaisertum Karls des Großen und dem der Ottonen und ihrer Nachfolger bestand nicht nur im Umfang des Reiches, sondern auch darin, dass sie sich, abgesehen vielleicht von Otto III., nicht die Erneuerung des Römischen Reiches zum Ziel gesetzt und nicht von römischen Traditionen beeinflusst waren. Otto III., Sohn Ottos II. und der byzantinischen Prinzessin Theophanu, verehrte Karl Großen und seine imperiale Politik derart, dass er sogar in dessen Grab hinabstieg und sich neben ihm begraben ließ. Man vermutet sogar, dass schon Otto III. Karl heiligsprechen lassen wollte. Er war es auch, der die Konstantinische Schenkung als lügenhaft zurückwies, aber der römischen Kirche ihre Territorien aus eigener Machtvollkommenheit verlieh. Allerdings wurde Otto III. nur 23 Jahre alt und regierte gerade einmal acht Jahre selbstständig.

Der Unterschied zwischen Karls Kaisertum und dem der Ottonen und ihrer Nachfolger wird insbesondere in Gesetzgebung und Reichsverwaltung klar fassbar. Die Gesetzgebung fand mit den Karolingern ebenso ihr Ende wie das Institut der Königsboten und mit diesem die Zentralisierung der Herrschaft am Kaiserhof. Daraus resultierte schließlich die Überlegenheit des Papsttums, das seine Ansprüche auf schriftlich fixierte

Rechtssätze stützen konnte, die zum Teil zwar auf Fälschungen beruhten, aber dennoch beeindruckten. Dem stand auf Kaisers Seiten, insbesondere, was seine Macht im Reich, aber auch die Art der Königserhebung anging, nur Gewohnheitsrecht gegenüber. Dieser Mangel führte 1198 und 1314 zu Doppelwahlen, angesichts derer sich die Wähler vertrauensvoll an den Papst als Schlichter wandten, der daraus seinerseits eine Superiorität gegenüber dem Römischen König und Kaiser ableitete.

Erst Karl IV. hat 1355 in der Goldenen Bulle das Königswahlrecht und andere Rechtsgrundsätze schriftlich fixiert, die das Zusammenwirken der politischen Kräfte im Reich regelten.

Hatten die Herrscher aus ottonischem und salischem Haus bis zu Heinrich III. (1039–1056) die Päpste weitgehend dominiert, bisweilen sogar eingesetzt, änderte sich diese Situation in der Zeit des Reformpapsttums und Investiturstreits ab den 50er-Jahren des 11. Jahrhunderts. Die durch die allzu intensive Verknüpfung zwischen geistlichem Amt und weltlicher Macht hervorgerufene Verweltlichung des Klerus hatte eine Bewegung hervorgebracht, die sich gegen die Dominanz der weltlichen Macht wandte und die geistliche Autorität des Klerus in der Welt über die weltliche Macht erhob.

Einen ersten Höhepunkt erreichte dieses reformatorisch-revolutionäre Denken mit Papst Gregor VII. (1073–1085), der in seinem *Dictatus Papae* (1075) dem Papst sogar das Recht zusprach, Herrscher nach Gutdünken abzusetzen. Zwar wurde das Schriftstück nicht publiziert, doch hat dieses Gedankengut bis weit in die Neuzeit hinein das Verhältnis zwischen Papst und Kaiser bzw. weltlichen Herrschern überhaupt bestimmt. Hatte Leo III. ein Mosaik anbringen lassen, welches ihn und Karl von Petrus mit ihrem Amt betraut zeigte, so zeigte ein Gemälde im Lateran die Kaiserkrönung Lothars III. mit dem Hinweis:

[Der König kommt vor die Tore, beschwörend zuvor die Rechte der Stadt. Danach wird er Lehensmann des Papstes, empfängt von ihm die Krone.]

Als Friedrich Barbarossa 1155 auf dem Zug zur Kaiserkrönung nördlich von Rom bei Sutri mit dem Papst zusammentraf, versagte er ihm zunächst den üblichen Stratordienst (bestand im Führen des Pferdes und Halten des Steigbügels; am byzantinischen Kaiserhof war der Strator ein Stalldiener), weil dieser symbolisch Lehnsabhängigkeit zum Ausdruck bringen konnte. Erst nachdem dieser ihm die Tilgung der Umschrift des Freskos versprach und versicherte, das Führen des Pferdes sei nur eine Ehrerbietung gegenüber dem heiligen Petrus und werde nicht als Lehnsabhängigkeit interpretiert, ergriff Friedrich die Zügel des Pferdes. Nur zwei Jahre später kam es auf dem Reichstag zu Besançon zum Eklat um das Wort *beneficium* zwischen Rainald von Dassel und der päpstlichen Gesandtschaft, denn der Gesandte Orlando Bandinelli, der spätere Papst Alexander III. (1159–1181), hatte ein großenteils von ihm als Kanzler selbst verfasstes Schreiben Papst Hadrians IV. (1154–1159) verlesen, in welchem dieser Friedrich daran erinnerte, dass er ihm die Machtfülle des Kaisertums übertragen habe, ihm aber gern noch größere *beneficia* überlassen hätte. Das Wort *beneficium* wurde von Rainald von Dassel als Lehen übersetzt. Auf dem Reichstag erhob sich ein Sturm der Entrüstung, den Bandinelli noch durch die Frage entfachte: „Von wem hat der Kaiser das Kaisertum, wenn nicht vom Herrn Papst?" Nur durch sein persönliches Dazwischentreten soll Friedrich Barbarossa eine Bluttat verhindert haben. Er gewährte den Gesandten freien Abzug.

Vorsicht war also von kaiserlicher Seite dringend geboten. Als im Rahmen der Doppelwahl von 1198 sich beide erwählten Könige, Otto IV. und Philipp von Schwaben, an Papst

Innozenz III. (1198–1216) wandten, um von ihm Bestätigung zu erlangen, hat der nach mehreren Jahren des Zögerns generell ein Bestätigungsrecht des Papstes für die deutsche Königswahl gefordert, weil derjenige, der den Kaiser zu salben habe, auch entscheiden dürfe, wen er salbe. Das von Innozenz geforderte päpstliche Approbationsrecht führte schließlich dazu, dass im 14. Jahrhundert Ludwig der Bayer (1314–1347) sein Reich als vom Papst Gebannter regieren musste, weil er nach der Wahl zwar um päpstliche Approbation nachgesucht, diese aber ebenso wie sein Gegenkönig nicht erhalten hatte. Seinen Vorgänger, Heinrich VII. (1308–1313), hatte Papst Clemens VI. (1305–1314) in einem Brief unmissverständlich als seinen Vasallen bezeichnet, und nur der frühe Tod hat den dagegen Rebellierenden vor der Exkommunikation bewahrt.

Das Problem des Verhältnisses zwischen Papsttum und Kaisertum bestand darin, dass der Papst in einer christlich orientierten Welt als Stellvertreter Petri und auch Christi in gewisser Weise höheres Ansehen genoss als der Kaiser. In unvergleichlicher Weise hat das der berühmte italienische Dichter Dante Alighieri (1265–1321), ein glühender Verehrer Kaiser Heinrichs VII. und des Kaisertums überhaupt, in seinem „staatstheoretischen“ Werk *Monarchia* zum Ausdruck gebracht. Nachdem er die Gottesunmittelbarkeit und Unabhängigkeit des Kaisers vom Papst „bewiesen“ hatte, schrieb er über dessen Beziehungen zum Papst:

> Die Wahrheit der letzten Frage [das heißt der Unabhängigkeit des Kaisers] ist allerdings nicht derart streng aufzufassen, dass der römische Herrscher in gewisser Weise nicht dem Papst untergeordnet wäre, ist doch das sterbliche Glück in gewisser Weise auf das unsterbliche hingeordnet. Der Kaiser muss Petrus jene Ehrfurcht erweisen, die der erst-

> geborene Sohn dem Vater schuldet, auf dass er, durch das Licht der väterlichen Gnade erleuchtet, umso wirksamer den Erdkreis erhelle, zu dessen Vorsteher ihn allein jener bestimmt hat, welcher alle geistlichen und zeitlichen Angelegenheiten lenkt.[1]

Dante parallelisierte das Verhältnis zwischen Papst und Kaiser mit dem zwischen Vater und erstgeborenem Sohn. Dieser ist als Erbe ranggleich mit dem Vater, ihm aber zur Ehrerbietung verpflichtet. Von der Stellung des Vaters hängt die des Sohnes ab. Ehrerbietung zieht nicht gesellschaftliche oder gar politische Unterordnung nach sich. Das Papsttum jedoch münzte diese Vorrangstellung in eine politische um und beanspruchte, über die Kaiserkrone verfügen zu können. Basis dieses Anspruchs war einerseits die Konstantinische Schenkung, andererseits Karls des Großen Kaiserkrönung. Diese wurde als *translatio imperii* interpretiert, als vom Papst vorgenommene Übertragung des Kaisertums von den Griechen auf die Franken. So wie einst Konstantin den Sitz des Kaisertums von Rom nach Byzanz verlegt hatte, so transferierte es der Papst vom Osten auf Karl den Großen, Otto den Großen und alle anderen Kaiser – das Recht gab ihm die Konstantinische Schenkung. Im 13. und 14. Jahrhundert soll man an der Kurie sogar eine erneute Translation des Kaisertums auf den französischen König erwogen haben.

Maximilian I. (1486–1529) legte sich 1508 mit päpstlicher Genehmigung den Titel *Erwählter Römischer Kaiser* zu, den seither sämtliche Könige bis 1806 ab ihrem Herrschaftsantritt führten. Mit Maximilians Enkel, Karl V. (1519–1558), wurde zum letzten Mal ein Kaiser vom Papst (Klemens VII., 1523–1534) gekrönt, allerdings nicht in Rom, sondern in Bologna, wo er einen Friedensvertrag mit dem Papst geschlossen hatte – drei Jahre zuvor hatten deutsche Söldner Rom geplündert und verwüstet (Sacco di Roma). Seit 1521 findet sich zu Beginn von Karls V. Reichsgesetzen folgender Titel:

> Wir Carl der fünffte von Gottes Gnaden Römischer Kayser, zu allen Zeiten Mehrer des Reiches, König in Germanien, zu Castilien, Aragon, Leon, beyder Sicilien, Hierusalem, Hungarn, Dalmatien, Croatien, Navarra, Granaten, Tolleten, Valentz, Gallicien, Majorca, Hispalis, Sardinien, Corduba, Corsica, Murcien, Giennis, Algarbien, Algeziren, Gibraltar, der Canarischen und indianischen Insulen und der Terrae firmae des Oceanischen Meeres etc. Ertz-Hertzog zu Österreich, Hertzog zu Burgundi, zu Lotterich, zu Brabant, zu Steyer, zu Kerndten, zu Krain, zu Limburg, zu Lützenburg, zu Geldern, zu Calabrien, zu Athen und Würtenberg etc. […]

Seit dieser Zeit gingen Kaisertum und Papsttum getrennte Wege, kamen sich vielleicht noch im Streit um Territorien in Italien in die Quere, doch unterschied sich dieser Streit nicht von dem zwischen den Päpsten und anderen Machthabern. Gewiss, ‚wohlklingend' war der Kaisertitel noch bis ins 20. Jahrhundert, aber ohne die Anbindung an das universale Papsttum wirkte er wie entkernt. Eine Entsakralisierung des Kaisertums hatte bereits der Investiturstreit zur Folge gehabt, weil die Reformpäpste die Freiheit der Kirche von der allzu engen Bindung an den Kaiser angestrebt und teilweise sogar erreicht hatten.

Anmerkungen

Das Papsttum: „Erbe“ des Kaisertums

1 Die Übersetzung ist mit Abweichungen übernommen von: Myron Wojtowytsch, *Papsttum und Konzile von den Anfängen bis zu Leo I. (440–461)*, Stuttgart 1981 (Päpste und Papsttum 17), S. 402.

Fränkische Königstradition: Könige mit Königsheil in ihren Haaren

1 *Quellen zur karolingischen Reichsgeschichte*, hg. von Reinhold Rau, Bd. 1: Die Reichsannalen, Einhard, Leben Karls des Großen, Zwei „Leben“ Ludwigs, Nithard, Geschichten, Darmstadt 1987 (Freiherr-vom-Stein-Gedächtnisausgabe 5), S. 15.

Die frühen Vorfahren: Ansippung und Tatkraft

1 *Quellen zur Geschichte des 7. und 8. Jahrhunderts*, hg. von Herwig Wolfram, Andreas Kusternig, Herbert Haupt, Darmstadt 1982 (Freiherr-vom-Stein-Gedächtnisausgabe 4a), Buch III, Kapitel 9, S. 89.

2 Austrien bzw. Austrasien ist das östliche Teilreich mit den Residenzen Reims und Metz im Unterschied zu dem westlichen Teilreich Neustrien mit der Residenz Rouen.

3 Diese Sicht findet sich bislang nur bei Hagn, S. 59–73, allerdings mit äußerst einleuchtenden Argumenten. Waltraud Joch, Karl Martell, S. 154–156 und Brigitte Kasten, Königssöhne, S. 70–102 gehen ebenfalls davon aus, dass Karl einer legitimen Ehe entstammte, die Pippin geschlossen hatte, als er mit Plectrud zwar verheiratet war, aber mit Chalpaida zusammenlebte.

Karls Leben und Taten: Der Weg zum Kaisertum

1 Rosamond McKitterick, *Karl der Große*, Darmstadt, 2008, S. 87–89.

2 Zitiert nach: Matthias Becher, *Karl der Große*, 4. Aufl. München 2004, S. 48.

3 McKitterick, Karl der Große, S. 90.

4 *Quellen zur karolingischen Reichsgeschichte*, hg. von Reinhold Rau, Bd. 3: Jahrbücher von Fulda, Regino Chronik, Notker, Taten Karls, Darmstadt 1975 (Freiherr-vom-Stein-Gedächtnisausgabe 7), S. 413.

Aussehen und Charakter: Eine „Rekonstruktion“ mit Unbekannten

1 Die Entstehungszeit der Vita ist noch heftig umstritten. Die Datierungen reichen von kurz nach Karls Tod bis nach 830, als sich Einhard nach dem Beginn der Bruderkriege ins Kloster zurück-

gezogen hatte. Die letzte ausführliche Diskussion findet sich bei McKitterick, Karl der Große, S. 23–26, die die Zeit kurz nach Karls Tod für wahrscheinlich hält. Rudolf Schieffer, Die Karolinger, S. 91 und Matthias Becher, Karl der Große, S. 7 gehen von rund einem Jahrzehnt nach des Kaisers Tod aus, Matthias M. Tischler, Einharts Vita Karoli, S. 151–239 plädiert für Ende der 20er-Jahre.

2 *Quellen zur karolingischen Reichsgeschichte*, hg. von Reinhold Rau, Bd. 1: Die Reichsannalen, Einhard, Leben Karls des Großen, Zwei „Leben" Ludwigs, Nithard, Geschichten, Darmstadt 1987 (Freiherr-vom-Stein-Gedächtnisausgabe 5), S. 193–195.

3 *Quellen zur karolingischen Reichsgeschichte*, hg. von Reinhold Rau, Bd. 1: Die Reichsannalen, Einhard, Leben Karls des Großen, Zwei „Leben" Ludwigs, Nithard, Geschichten, Darmstadt 1987 (Freiherr-vom-Stein-Gedächtnisausgabe 5), S. 195.

4 *Quellen zur karolingischen Reichsgeschichte*, hg. von Reinhold Rau, Bd. 1: Die Reichsannalen, Einhard, Leben Karls des Großen, Zwei „Leben" Ludwigs, Nithard, Geschichten, Darmstadt 1987 (Freiherr-vom-Stein-Gedächtnisausgabe 5), S. 191.

5 *Quellen zur karolingischen Reichsgeschichte*, hg. von Reinhold Rau, Bd. 1: Die Reichsannalen, Einhard, Leben Karls des Großen, Zwei „Leben" Ludwigs, Nithard, Geschichten, Darmstadt 1987 (Freiherr-vom-Stein-Gedächtnisausgabe 5), S. 197.

6 *Quellen zur karolingischen Reichsgeschichte*, hg. von Reinhold Rau, Bd. 1: Die Reichsannalen, Einhard, Leben Karls des Großen, Zwei „Leben" Ludwigs, Nithard, Geschichten, Darmstadt 1987 (Freiherr-vom-Stein-Gedächtnisausgabe 5), S. 199–201.

Karls Selbstdarstellung als Herrscher: Eine „Rekonstruktion" auf reicher Basis

1 Gregor von Tours, *Zehn Bücher Geschichten*, hg. von Rudolf Buchner, Bd.1, Darmstadt 1970 (Ausgewählte Quellen zur Geschichte des Mittelalters, Freiherr-vom-Stein-Gedächtnisausgabe 2), Buch II, 42, S. 141.

Die unmittelbare Vorgeschichte: Ein Attentat auf den Papst

1 Die Diskussionen darüber sind zusammengefasst bei Rudolf Schieffer, Neues von der Kaiserkrönung Karls des Großen, S.9–14.

2 Zitiert nach: Rudolf Schieffer, *Die Karolinger*, 4. Aufl. Stuttgart u. a. 2006, S. 100f.

3 *Le Liber Pontificalis*, hg. von Louis Duchesne, Bd. 2, Paris 1892, S. 4f.

4 Z. B. bei Schieffer, Die Karolinger, S. 101 und bei Becher, Karl der Große, S. 14.

5 *Karolus Magnus et Leo papa. Ein Paderborner Epos vom Jahre 799*, hg. von Joseph Brockmann, Paderborn 1966 (Studien und Quellen zur westfälischen Geschichte 8), S. 95–97.

6 *Quellen zur karolingischen Reichsgeschichte*, hg. von Reinhold Rau, Bd. 1: Die Reichsannalen, Einhard, Leben Karls des Großen, Zwei „Leben" Ludwigs, Nithard, Geschichten, Darmstadt 1987 (Freiherr-vom-Stein-Gedächtnisausgabe 5), S. 69–71.

7 Jörg Jarnut, 799 und die Folgen.

Romzug und Krönung:
Schützer, Richter und Herr

1 *Monumenta Germaniae Historica, Epistolae IV, Karolini Aevi II*, hg. von Ernst Dümmler, Berlin 1895, Nr. 174, S. 288.
2 Hägermann, Karl der Große, S. 419f.
3 Zitiert mit Veränderungen nach: Engelbert Mühlbacher, *Deutsche Geschichte unter den Karolingern*, Stuttgart 1896, S. 201.

Die Kaiserkrönung:
Geschehen und Hintergründe

1 *Le Liber Pontificalis*, hg. von Louis Duchesne, Bd. 2, Paris 1892, S. 7, (Kap. 23f.). Übersetzung nach: Wilfried Hartmann (Hg.), *Deutsche Geschichte in Quellen und Darstellung*, Bd. 1: Frühes und hohes Mittelalter 750–1250, Stuttgart 1995, S. 53f.
2 *Quellen zur karolingischen Reichsgeschichte*, hg. von Reinhold Rau, Bd. 1: Die Reichsannalen, Einhard, Leben Karls des Großen, Zwei „Leben" Ludwigs, Nithard, Geschichten, Darmstadt 1987 (Freiherr-vom-Stein-Gedächtnisausgabe 5), S. 75
3 Wilfried Hartmann (Hg.), Deutsche Geschichte in Quellen und Darstellung, Bd. 1: Frühes und hohes Mittelalter 750–1250, Stuttgart 1995, S. 55f.
4 Wilfried Hartmann (Hg.), *Deutsche Geschichte in Quellen und Darstellung*, Bd. 1: Frühes und hohes Mittelalter 750–1250, Stuttgart 1995, S. 56ff.
5 Z. B. tat das Mühlbacher, Deutsche Geschichte unter den Karolingern, S. 202, erschienen 1896.
6 Z. B. bei Hägermann, Karl der Große, S. 427, der schreibt, Karls Ärger habe die Zeremonie hervorgerufen, „namentlich die herausgehobene Rolle des Papstes und der Römer, die den konstitutiven Akt für sich reklamierten".
7 Schieffer, Die Karolinger, S. 103. Ganz ähnlich äußerte sich Dieter Hägermann, Karl der Große, S. 427. Rudolf Schieffer hat in: Neues von der Kaiserkrönung Karls IV., S. 7, ausdrücklich betont, dass es sich um Spekulationen handelt.
8 Becher, Karl der Große, (1. Aufl. 1999) S. 21.
9 Becher, Karl der Große, (1. Aufl. 1999) S. 15.
10 Jarnut, 799 und die Folgen.
11 *Quellen zur karolingischen Reichsgeschichte*, hg. von Reinhold Rau, Bd. 3: Jahrbücher von Fulda, Regino Chronik, Notker, Taten Karls, Darmstadt 1975 (Freiherr-vom-Stein-Gedächtnisausgabe 7), S. 363.
12 Möhring, Karl der Große und die Endkaiser-Weissagung.

Veränderungen und Konflikte:
Rückgriff auf kaiserliche Traditionen

1 *Monumenta Germaniae Historica, Leges Sectio II, Capitularia regum Francorum I*, hg. von Alfred Boretius, Hannover 1883, Nr. 33, cap. 2, S. 92f.

Die „Spätfolgen" der Kaiserkrönung:
Der Streit um die Vorherrschaft

1 Dante Alighieri, *Monarchia*, hg. von Ruedi Imbach und Christoph Flüeler, Suttgart 1989, III, 17 und 18, S. 247–249.

Literatur

Erzählende Quellen

Hartmann, Wilfried (Hg.), *Deutsche Geschichte in Quellen und Darstellung*, Bd. 1: *Frühes und hohes Mittelalter 750–1250*, Stuttgart 1995.

Karolus Magnus et Leo Papa. Ein Paderborner Epos vom Jahre 799, hg. von Joseph Brockmann, Paderborn 1966 (Studien zur Westfälischen Geschichte 8).

Gregor von Tours, *Zehn Bücher Geschichten*, hg. von Rudolf Buchner, 2 Bde., Darmstadt 1970 und 1972 (Ausgewählte Quellen zur Geschichte des Mittelalters, Freiherr-vom-Stein-Gedächtnisausgabe 2 und 3).

Quellen zur Geschichte des 7. und 8. Jahrhunderts, hg. von Herwig Wolfram, Andreas Kusternig, Herbert Haupt, Darmstadt 1982 (Freiherr-vom-Stein-Gedächtnisausgabe 4a).

Quellen zur karolingischen Reichsgeschichte, hg. von Reinhold Rau, Bd. 1: Die Reichsannalen, Einhard, Leben Karls des Großen, Zwei „Leben" Ludwigs, Nithard, Geschichten, Darmstadt 1987 (Freiherr-vom-Stein-Gedächtnisausgabe 5).

Quellen zur karolingischen Reichsgeschichte, hg. von Reinhold Rau, Bd. 3: Jahrbücher von Fulda, Regino Chronik, Notker, Taten Karls, Darmstadt 1975 (Freiherr-vom-Stein-Gedächtnisausgabe 7).

Literatur

Angenendt, Arnold, *Das Frühmittelalter. Die abendländische Christenheit von 400 bis 900*, 3. Aufl. Stuttgart u. a. 2001.

Anton, Hans Hubert, Solium imperii und Principatus sacerdotum in Rom, fränkische Hegemonie über den Okzident/Hesperien. Grundlagen, Entstehung und Wesen des karolingischen Kaisertums, in: Franz-Reiner Erkens, Hartmut Wolff (Hgg.), *Von Sacerdotium und Regnum. Geistliche und weltliche Gewalt im frühen und hohen Mittelalter. Festschrift für Egon Boshof*, Köln 2002, S. 203–274 (Passauer Historische Forschungen 12).

Becher, Matthias, Das Frankfurter Konzil von 794. Kristallisationspunkt karolingischer Kultur, in: Rainer Berndt (Hg.), *Katalog der Ausstellung von Paderborn*, Mainz 1997.

Becher, Matthias, Die Kaiserkrönung im Jahr 800. Eine Streitfrage zwischen Karl dem Großen und Papst Leo III., in: *Rheinische Vierteljahresblätter 66* (2002), 1–38.

Becher, Matthias, *Karl der Große*, 4. Aufl. München 2004.

Brandes, Wolfram, „Tempora periculosa sunt". Eschatologisches im Vorfeld der Kaiserkrönung Karls des Großen, in: *Das Frankfurter Konzil von 794. Kristallisationspunkt karolingischer Kultur. Akten zweier Symposien anlässlich der 1200-Jahresfeier der Stadt*

Frankfurt am Main, hg. von Rainer Berndt, Mainz 1997, S. 49–79 (Quellen und Abhandlungen zur mittelrheinischen Kirchengeschichte 80).

Braunfels, Wolfgang (Hg.), *Karl der Große. Lebenswerk und Nachleben*, 5 Bde. Düsseldorf 1965–1968.

Bullough, Donald, *Karl der Große und seine Zeit*, Wiesbaden 1966 (engl. Original: *The Age of Charlemagne*, London 1965).

Butzer, Paul Leo, Kerner, Max, Oberschelp, Walter (Hg.), *Karl der Große und sein Nachwirken. 1200 Jahre Kultur und Wissenschaft in Europa, Bd. 1: Wissen und Weltbild*, Turnhout 1997.

Classen, Peter, *Karl der Große, das Papsttum und Byzanz. Die Begründung des karolingischen Kaisertums*, hg. von Horst Fuhrmann und Claudia Märtl, Sigmaringen 1985 (Beiträge zur Geschichte und Quellenkunde des Mittelalters 9).

Erkens, Franz-Reiner (Hg.), Karl der Große in Renaissance und Moderne. Zur Rezeptionsgeschichte und Instrumentalisierung eines Herrscherbildes, in: *Das Mittelalter. Perspektiven mediävistischer Forschung* 4/2, Berlin 1999.

Ewig, Eugen, *Die Merowinger und das Frankenreich*, 5. Aufl. Stuttgart 2006.

Fichtenau, Heinrich, *Karl der Große und das Kaisertum. Mit einer Einleitung zum Nachdruck*, Libelli 320, Darmstadt 1971.

Fichtenau, Heinrich, *Das karolingische Imperium. Soziale und geistige Probleme eines Großreiches*, Zürich 1949.

Fleckenstein, Josef, *Karl der Große*, 3. Aufl. Göttingen 1990.

Fried, Johannes, Papst Leo III. besucht Karl den Großen in Paderborn oder Einhards Schweigen, in: *Historische Zeitschrift* 272 (2001), S. 281–326.

Godman, Peter, Jarnut, Jörg, Johanek, Peter (Hg.), *Am Vorabend der Kaiserkrönung. Das Epos „Karolus Magnus et Leo papa" und der Papstbesuch in Paderborn*, Berlin 2002.

Hack, Achim, *Codex Carolinus. Päpstliche Epistolographie im 8. Jahrhundert*, 2 Bde., Päpste und Papsttum 35, Stuttgart 2005.

Hageneder Othmar, Das crimen maiestatis, der Prozeß gegen die Attentäter Papst Leos III. und die Kaiserkrönung Karls des Großen, in: Hubert Mordek (Hg.), *Aus Kirche und Reich. Studien zu Theologie, Politik und Recht im Mittelalter. Festschrift für Friedrich Kempf*, Sigmaringen 1983, S. 55–79.

Hägermann, Dieter, *Karl der Große. Herrscher des Abendlandes*, 3. Aufl. Berlin 2006.

Hagn, Hans, *Illegitimität und Thronfolge. Zur Thronfolgeproblematik illegitimer Merowinger, Karolinger und Ottonen*, Politik im Mittelalter Bd. 5, Neuried 2006.

Hartmann, Martina, *Aufbruch ins Mittelalter. Die Zeit der Merowinger*, Darmstadt 2003.

Heldmann, Karl, *Das Kaisertum Karls des Großen. Theorien und Wirklichkeit*, Weimar 1928 (Quellen und Studien zur Verfassungsgeschichte des Deutschen Reiches in Mittelalter und Neuzeit 6,2).

Hiestand, Rudolf, Eirene Basileus – die Frau als Herrscherin im Mittelalter, in: Hans Hecker (Hg.), *Der Herrscher. Leitbild und Abbild in Mittelalter und Renaissance*, Düsseldorf 1990, S. 253–283 (Studia humaniora 13).

Jarnut Jörg, *Karl der Große: Mensch, Herrscher, Mythos*, Paderborn 1999.

Jarnut, Jörg, 799 und die Folgen. Fakten, Hypothesen und Spekulationen, in: *Westfälische Zeitschrift 150* (2000) S. 191–209.

Joch, Waltraud, *Legitimität und Integration. Untersuchungen zu den Anfängen Karl Martells*, Husum 1999 (Historische Studien 456).

Kasten, Brigitte, *Königssöhne und Königsherrschaft. Untersuchungen zur Teilhabe am Reich in der Merowinger- und Karolingerzeit*, Hannover 1997.

Kerner Max, *Karl der Große. Leben und Mythos*, München 2006 (Original: Karl der Große. Entschleierung eines Mythos, Köln 2000).

Kraus, Thomas, Papst, Klaus (Hg.), *Karl der Große und sein Nachleben in Geschichte, Kunst und Literatur*, Zeitschrift des Aachener Geschichtsvereins 104/105 (2003).

Lilie, Ralph-Johannes, *Byzanz unter Eirene und Konstantin VI.* (780–802), Frankfurt am Main 1996 (Berliner Byzantinische Studien 2).

McKitterick, Rosamond, *Karl der Große*, Darmstadt 2006 (engl. Original: *Charlemagne: The Formation of a European Identity*, Cambridge 2008).

Menghin, Wilfried, *Die Langobarden. Archäologie und Geschichte*, Stuttgart 1985.

Möhring, Hannes, *Der Weltkaiser der Endzeit. Entstehung, Wandel und Wirkung einer tausendjährigen Weissagung*, Stuttgart 2000 (Mittelalter-Forschungen 3).

Möhring, Hannes, Karl der Große und die Endkaiser-Weissagung: Der Sieger über den Islam kommt aus dem Westen, in: Benjamin Z. Kedar, Jonathan Riley-Smith, Rudolf Hiestand (Hg.), *Montjoie. Studies in Crusade History in Honour of Eberhard Mayer*, Aldershot 1997, S. 1–19.

Mühlbacher, Engelbert, *Deutsche Geschichte unter den Karolingern*, Stuttgart 1896.

Riché, Pierre, *Die Karolinger. Eine Familie formt Europa*, Stuttgart 1987 (franz. Original: *Les Carolingiens. Une famille qui fit l'Europe*, Paris 1983).

Richter, Michael, Die „lange Machtergreifung" der Karolinger. Der Staatsstreich gegen die Merowinger in den Jahren 747–771, in: Uwe Schulz (Hg.), *Große Verschwörungen. Staatsstreich und Tyrannensturz von der Antike bis zur Gegenwart*, München 1998, S. 48–59.

Scharer Anton, Die Kaiserkrönung Karls des Großen, in: Georg Scheibelreiter (Hg.), *Höhepunkte des Mittelalters*, Darmstadt 2004.

Schieffer, Rudolf, Arn von Salzburg und die Kaiserkrönung Karls des Großen, in: Heinz Dopsch, Stephan Freund, Alois Schmid (Hg.), *Bayern und Italien. Politik, Kultur, Kommunikation (8.–13. Jahrhundert). Festschrift für Kurt Reindl zum 75. Geburtstag*, Zeitschrift für Bayerische Landesgeschichte, Beiheft 18 Reihe B (2001), S. 104–121.

Schieffer, Rudolf, *Die Karolinger*, 4. Aufl. Stuttgart u. a. 2006.

Schieffer, Rudolf, Neues von der Kaiserkrönung Karls des Großen, in: *Sitzungsberichte der Bayerischen Akademie der Wissenschaften, Philosophisch-Historische Klasse*, 2 (2004).

Schramm, Percy Ernst, Die Anerkennung Karls des Großen als Kaiser, in: *Historische Zeitschrift* 172 (1951), S. 449–515.

Schramm, Percy Ernst, *Kaiser, Könige und Päpste. Gesammelte Aufsätze zur Geschichte des Mittelalters*, Bd. 1, Stuttgart 1968.

Stiegemann, Christoph, Wemhoff, Matthias (Hg.), 799 – Kunst und Kultur der Karolingerzeit. Karl der Große und Papst Leo III. in: *Katalog der Ausstellung Paderborn 1999*, 2 Bde., Paderborn 1999.

Bildnachweis

S. 59: Musée du Louvre, Paris; S. 82: Forschungs- und Landesbibliothek Gotha; S. 99: bpk / Staats- und Universitätsbibliothek Bremen (Ms A 33, fol 58 v), Foto: Lutz Braun; S. 118: bpk / Foto: Stefan Diller, S. 122: bpk; S. 123: nach: Percy Ernst Schramm, Kaiser, Könige und Päpste, Bd. 1, 1968; S. 124: nach: Percy Ernst Schramm, Kaiser, Könige und Päpste, Bd. 1, 1968

Roland Pauler, Dr. phil. habil., geb. 1954, hat in München, Erlangen, Regensburg und Cremona Mittelalterliche Geschichte unterrichtet. Der Alltagsgeschichte gilt dabei sein besonderes Interesse. Bei Primus ist von ihm bereits erschienen: „Leben im Mittelalter. Ein Lexikon" (2007)

